POUR NAPOLÉON

DU MÊME AUTEUR

Napoléon. Dictionnaire historique, Perrin, 2020.

Bonaparte n'est plus ! Le monde apprend la mort de Napoléon. Juillet-septembre 1821, Perrin, 2019.

Le Premier Empire (1804-1815), Fayard, coll. « Pluriel », 2018 (prix du Nouveau Cercle de l'Union).

Le Diable sur la montagne. Hitler au Berghof, Perrin, 2017.

Joseph Bonaparte, Perrin, 2016 (prix Chateaubriand et prix Du Guesclin).

Napoléon. L'album, Perrin, 2015.

Napoléon et la France, Vendémiaire, 2015.

Waterloo. 1815, Perrin, 2015.

Les Vingt Jours de Fontainebleau. La première abdication de Napoléon (31 mars-20 avril 1814), Perrin, 2014.

100 questions sur Napoléon, La Boétie, 2013, et Tallandier, 2017.

Le Congrès de Vienne. Une refondation de l'Europe (1814-1815), Perrin, 2013 (prix Pierre Lafue 2013), rééd. Perrin, coll. « Tempus », 2015.

La Conspiration du général Malet. 24 octobre 1812. Premier ébranlement du trône de Napoléon, Perrin, 2012.

Napoléon diplomate, CNRS Éditions, 2012 (prix Guizot de l'Académie française).

Une passion. Promenades dans la Crucifixion *de Velázquez*, Perrin, 2011.

La Mort de Napoléon. Mythes, légendes, mystères, Perrin, 2009 (avec Jacques Macé), rééd. Perrin, coll. « Tempus », 2012.

Tout le monde ment, roman, Fayard, 2008.

Napoléon, l'esclavage et les colonies, Fayard, 2006 (avec Pierre Branda).

(suite en fin d'ouvrage)

Thierry Lentz

POUR NAPOLÉON

PERRIN

92, avenue de France
75013 Paris
Tél. : 01 44 16 08 00

ISBN : 978-2-262-09451-5
Dépôt légal : mars 2021

Mise en pages : Nord Compo

Je m'inquiète peu de tous les libelles lancés contre moi.
Mes actes et les événements y répondent mieux que les plus habiles plaidoyers [...].
Qu'on aille chercher dans l'histoire, et que l'on compare !

Napoléon[1]

1. *Mémorial de Sainte-Hélène. Le manuscrit retrouvé*, Perrin, 2018, 13 mai 1816.

Nous et lui

N'en déplaise à ceux qui, comme disait de Gaulle, se sont constitués « en équipes de la hargne, de la rogne et de la grogne », Napoléon est *en nous*.

Je ne parle pas seulement de souvenirs d'école, de lectures, des échos de l'épopée ou des monuments qu'il a laissés. Je ne parle même pas de savoir historique ou de mémoire nationale. Je prétends qu'il est en nous parce qu'il influence ce que nous sommes, ce que nous pensons et la façon dont nous agissons dans de nombreux domaines, souvent même dans notre existence quotidienne. Cette présence prend sa source aux règles sociales et à l'« identité des mœurs » – l'expression est de lui – qu'il a fondées et qui restent au cœur de notre projet de vivre en concitoyens.

On le doit d'abord, bien sûr, à son Code civil. Dans son discours introductif, Jean-Étienne Portalis le décrivait comme « la source des mœurs [et] la garantie de la paix publique et particulière » devant atteindre « chaque individu » et se mêler aux « principales actions de sa vie ». Même réformé, ce vademecum, auquel Napoléon fit plus que mettre la main, a conservé sa solide ossature et une bonne part de sa philosophie d'origine. Il n'est pas un chapelet d'articles commodément classés, mais énonce une conception de l'organisation politico-sociale. Elle nous façonne encore, naturellement et presque sans contrainte, après deux cent vingt ans de pratique. Elle constitue un « cadre normatif intériorisé » pour chaque citoyen, de sa naissance à sa mort, et même au-delà pour ce qui touche les successions. Le Code proclame, aujourd'hui comme hier, l'égalité devant la loi et la non-confessionnalité de l'État, les règles de l'état civil, de la liberté contractuelle et de l'autonomie de la volonté, de l'étendue et des limites du droit de propriété, de la responsabilité civile, et j'en passe. Rien de tout cela n'est étranger à notre vie de chaque jour et même les changements apportés, par exemple, aux règles de fonctionnement de la famille, de la filiation ou des contrats n'ont pu avoir lieu qu'en préservant le moule préexistant… au moins jusqu'à présent. Sait-on que sur les 2 281 articles d'origine, promulgués par le Premier consul le 21 mars 1804, près de la moitié est encore en vigueur ? À travers leur application et l'acceptation de leurs prescriptions, comme Monsieur Jourdain avec la prose, nous faisons en permanence « du Napoléon » sans le savoir.

De lui, nous avons aussi hérité les principes généraux de l'État, de son administration, des finances publiques (mais sa fiscalité était moins omniprésente et touffue que l'actuelle, avec moins de 15 % de prélèvements obligatoires), de l'organisation judiciaire, du maillage des chambres de commerce et d'agriculture, de l'agrégation des enseignants en un seul corps, de la prééminence du droit du sol en matière de nationalité. Les lycéens rêvent encore à son baccalauréat et les moins jeunes arborent sa Légion d'honneur ou ses Palmes académiques. Plus prosaïquement encore, nous lui devons la création des pompiers de Paris, de l'internat des hôpitaux, des premières vaccinations de masse (contre la variole), du numérotage des rues, de l'obligation de balayer devant sa porte ou d'enterrer nos morts à six pieds sous terre.

Peu de pays au monde ont eu dans leur histoire un dirigeant d'un tel calibre. Cet « incomparable météore » (Jacques Bainville), ce dirigeant qui « savait et pouvait tout faire » (Sieyès) n'a mis que quinze ans à accomplir son œuvre, dans un monde où l'information et les ordres circulaient lentement, qui plus est en passant lui-même cinq années sur les quinze hors de ses palais, à parcourir l'Europe et ses champs de bataille. Cette seule réussite suffit à rendre sa destinée incomparable dans l'histoire de l'humanité. La marche et même l'« âme » du monde (Hegel) ont vibré sous l'impulsion de ce guerrier-législateur, au carrefour d'un régime ancien et d'une époque nouvelle, lorsqu'il fallait tout reconstruire. Parvenu au pouvoir après dix ans de déchirements révolutionnaires sans précédents (sauf peut-être, à l'époque moderne, les guerres de Religion), il a remis le pays sur pied, rendu sa fierté à la « Grande Nation », rebâti un édifice unifié qu'il voulait pérenne et qui l'a été. « Je suis de la race des hommes qui fondent », déclara-t-il un jour avec orgueil. Ses conceptions ont été maintenues, parfois telles quelles, par deux monarchies, un autre empire et quatre républiques. Elles définissent une bonne part de notre identité individuelle et collective dans notre rapport à la société et au pouvoir. De ce qu'il a fondé découle une autre part de nous.

Dans un discours au Conseil d'État, il expliqua que sa politique consistait à jeter sur le sol de France des « masses de granit » destinées à stabiliser une société composée de citoyens éparpillés comme des « grains de sable ». Je vais donner une liste de ces monuments politiques, judiciaires et administratifs qui ont résisté au temps, non sans avoir été améliorés par de nécessaires refontes ou toilettages, auxquels d'ailleurs il ne se serait pas opposé car il était le contraire d'un conservateur. Sans tomber dans un didactisme qui n'a pas sa place dans ce court essai, il faut en passer par cette énumération pour savoir de quoi nous parlons. En parcourant ce petit répertoire, le lecteur non spécialiste reconnaîtra des institutions, grandes et petites, qui lui sont familières. Il en sera parfois surpris, preuve supplémentaire que nous continuons à faire beaucoup « de Napoléon » sans nous en souvenir toujours. Cet inventaire – non exhaustif mais assez complet[1] – n'est pas « à la Prévert ». Rien n'y est caprice ou paradoxe, rien n'y est création de circonstance. Tout y est au contraire lié, s'emboîte et procède d'une même volonté de donner à la nation une colonne vertébrale et de constituer, comme l'écrit François Furet, le « nerf du gouvernement » :

– *Administration de l'État* : Conseil d'État (1800), préfets, conseils généraux, sous-préfets et organisation municipale (1800), police *nationale* (et non plus entre les mains de municipalités) et préfecture de police

1. Pour en savoir davantage, je renvoie au *Dictionnaire des institutions du Consulat et de l'Empire*, que Pierre Branda, Clémence Zacharie, Pierre-François Pinault et moi avons publié chez Tallandier (2e éd., 2016).

de Paris (1800), préfectures maritimes (1800), directions générales, receveurs et percepteurs du Trésor et des Finances publiques (1800), Banque de France (1800 et 1806), archives nationales (1800), gendarmerie nationale (1801), haras nationaux (1805), Cour des comptes (1807), corps des ingénieurs des Ponts et Chaussées (1804) et des Mines (1810), sapeurs-pompiers de Paris (1811).

– *Justice et droit* : cours d'appel (1800, la Cour de cassation date de 1790), réorganisation du notariat (1803) et du barreau (1804), Code civil (1804), code de procédure civile (1806), code de commerce (1807), code d'instruction criminelle (procédure pénale, 1808), Code pénal (1810), conseils de prud'hommes (1806), cadastre (1807).

– *Santé publique* : internat des hôpitaux (1801), statut des sages-femmes (1803), organisation des études de médecine (1803), de pharmacie (1803) et vétérinaires (1813).

– *Enseignement* : lycée (1802), réforme de l'Institut (1802), maisons d'éducation de la Légion d'honneur (1805), Palmes académiques (1808), premier statut des enseignants (1806), rectorats et académies (1808), organisation des facultés (1808), baccalauréat (1808).

– *Culture* : direction générale des Musées (1802, devenue plus tard direction des Musées de France), dépôt légal (1810), statuts de la Comédie-Française (1812).

– *Société et économie* : caisses de retraite par répartition dans les administrations (1800), organisation des cultes protestants (1802) et juif (1808), Légion d'honneur (1802), réglementation des marques de fabrique et brevets, chambres de commerce (1802), franc « germinal » (1803), réglementation des cimetières et des inhumations (1804), des jeux (1806), alignement des immeubles des villes (1807), numérotage et classement des routes (1811).

Ces multiples créations constituèrent en quelques années ce que Napoléon appela les « nœuds indissolubles de nos institutions nationales ». Ils n'ont pas (encore ?) été dénoués. Ils ont en tout cas résisté aux gros temps, aux orages et aux tempêtes de notre histoire. Et si leur créateur ne reconnaîtrait pas nombre de ses enfants ou petits-enfants, l'essentiel est là : c'est d'après sa pensée et sous son impulsion qu'a été fondée, assise et préservée la France contemporaine. À côté de ces réformes concrètes et réussies, de cette marque indélébile dessinée sur notre société et sur nos vies, bien des périodes de chamboulements – que souvent nous qualifions indistinctement d'« historiques » – pourraient passer pour des accès de réformettes ou de banales concrétisations d'aspirations au changement. Il n'est pas arrivé le moment où Barrès aura raison, qui écrivait dans *Les Déracinés* : « Quand les années auront détruit l'œuvre de ce grand homme et que son génie ne conseillera plus utilement les penseurs ni les peuples [...], quelque chose pourtant subsistera : sa puissance de multiplier l'énergie. » Nous sommes toujours sous les effets de l'œuvre... mais incontestablement en deuil de l'énergie.

1
Lui partout

Emmanuel Berl n'avait pas tort d'écrire que « l'histoire de France est, pour les Français, un énorme magasin de rancunes[1] ». Napoléon en a toujours été un produit indémodable aux rayons du déboulonnage des statues et des diverses formes de répudiation du passé dans lesquelles nous aimons tant nous complaire. Pour l'heure concentré sur l'histoire directement contemporaine (décolonisation, collaboration), avec de petites pointes sur celle de l'esclavage transatlantique et Colbert en ligne de mire – l'esclavage intra-africain ou arabo-musulman restant sous le tapis[2] –, le phénomène semble laisser notre premier empereur en réserve. Parions qu'il en

---

1. Emmanuel Berl, « Curtius et les historiens français », *Essais. Le temps, les idées, les hommes*, Éditions de Fallois, 2007, p. 89.

2. Selon l'étude d'Olivier Pétré-Grenouilleau, la traite transatlantique concerna environ 11 millions d'individus et la traite

sortira lorsque de nombreux événements marqueront, tout au long de l'année 2021, le bicentenaire de sa mort. La destruction de la statue de Joséphine en Martinique, l'aspersion de celle de Napoléon à La Roche-sur-Yon, le projet du maire de Rouen d'en retirer une autre de devant son hôtel de ville ou le salopage de l'effigie du maréchal Ney à Metz, tous survenus l'été dernier, sont les hors-d'œuvre de la grande offensive de lapidation collective qui nous attend.

Les vandales qui s'en prennent au marbre et au bronze recevront, n'en doutons pas davantage, le soutien nullement innocent d'activistes de la pensée et de l'action « modernisées » et même « postmodernisées », tandis que la direction *morale* de la boutique à rancunes encouragera cette « convergence des luttes ».

Laissons quelques instants Napoléon de côté, mais il reviendra très vite, pour brosser le portrait de ces gourous qui donnent le ton, avec le soutien actif de certains milieux enseignants ou culturels, de la presse « progressiste » et de la radio publique. Ils fondent leur démarche sur une idéologie dont l'alpha et l'oméga sont, d'une part, la « déconstruction » et, d'autre part,

---

orientale environ 17 millions (*Les Traites négrières. Essai d'histoire globale*, Gallimard, 2004).

l'« ouverture aux autres » et la « diversité ». Selon eux, pour combattre les « crispations réactionnaires » et l'« étrécissement identitaire »[3], l'histoire ne saurait désormais être que « mondiale[4] » et faire toute leur place aux oubliés de la terre (on ne dit plus les « damnés »). Il ne s'agit pas ici de pratiquer ce que les Anglo-Saxons ont baptisé la *World History*, qui élargit parfois heureusement l'analyse, cherche les courants dominants, corrige les perspectives, par exemple en étudiant le point de vue des « vaincus », ce qui ne veut pas dire les adopter religieusement[5]. Le but réel est autre et parfaitement hexagonal, au point qu'il laisse souvent sans voix au-delà de nos frontières. Selon cette vision, la France ne serait qu'une petite chose, presque artificielle, tant en regard de courants « planétaires » que d'événements plus secondaires qui dévoilent à eux

---

3. Promesse que l'on retrouve sous la plume de Patrick Boucheron, en introduction de l'*Histoire mondiale de la France* qu'il a dirigée en 2017 (Éditions du Seuil).

4. Le succès du livre précité a donné des ailes aux éditeurs qui ont publié des histoires « mondiales » de la guerre économique, de la guerre froide, des services secrets, de l'agriculture, de l'anarchie et même du bonheur.

5. Incidemment, on fera remarquer que la maxime « l'histoire est écrite par les vainqueurs » ne s'applique pas à Napoléon… puisque bien que vaincu, il a dicté sa version des événements à Sainte-Hélène qui a largement inspiré son historiographie.

seuls l'« imposture nationale ». Du vaste monde à nos mondes réduits, le spectre est large, on en conviendra, mais c'est la moindre des choses pour une théorie qui s'autoproclame « globale ». L'interprétation du passé se doit d'y être désincarnée, sauf à mettre sur le devant de la scène une kyrielle d'anonymes représentatifs de tous les malheurs prétendument négligés. Et de même qu'il n'y a plus de grandes dates ou de grands récits mais des « phénomènes » dont les déconstructeurs-globalisateurs sont évidemment les seuls à avoir compris les contours et la majesté, il n'y a pas, il n'y a jamais eu, il n'y aura jamais de grand homme et pas même d'individu qui, par son action et sa volonté, aurait pu influencer la marche de son temps, être à la fois, comme le fut justement Napoléon, l'effet et la cause d'une époque particulière. N'ont même plus cours les conclusions marxistes qui chantent que, sur fond de lutte entre les exploiteurs et les exploités, l'histoire est construite par les peuples et les prolétaires, cette catégorie ne tenant aucun compte de la race ou du sexe. Désormais, le sort des minorités sous-estimées, opprimées par les « grands hommes, mâles blancs hétérosexuels[6] », suffirait à tout expliquer, mais avec

6. L'expression figure en toutes lettres dans un rapport officiel de novembre 2013, rédigé par un conseiller d'État (!) et

cette particularité que tout ce qui n'est pas « racisé », « genré » ou plus largement « désoccidentalisé » doit être rejeté aux marges, en attente d'être relégué au rayon des impostures du « vieux monde des oppresseurs » duquel nous sommes collectivement et historiquement responsables. Car, par-dessus le marché si j'ose dire, ce ne sont plus les individus qui sont « racistes », « homophobes » ou je ne sais quoi d'autre, mais des sociétés entières, forme absurde d'un « universalisme » en peau de lapin, réduit à ses travers ou à des crimes que nous aurions tous commis par descendance. Et comme, en conséquence, tout doit être lu selon cette grille, un policier noir devient un faux Noir et un complice des dominateurs, un gay non militant

---

remis au Premier ministre Jean-Marc Ayrault. Ce texte concluait que pour « refonder la politique d'intégration », une profonde révolution de l'enseignement était nécessaire, comprenant un changement du « référentiel » historique, comprendre : réduire la place des « figures incarnées, qui demeurent très largement des "grands hommes, mâles, blancs et hétérosexuels" ». La ministre de l'Éducation nationale, Najat Vallaud-Belkacem, et les pédagogistes qui l'entouraient furent zélés à en tirer les conséquences. Leurs successeurs, le ministre Jean-Michel Blanquer et la présidente du Conseil supérieur des programmes Souâd Ayada, sont heureusement revenus sur ces dérives et ces délires. Ils ont notamment réintroduit l'enseignement du XIXe siècle, avec une dose d'étude de l'œuvre des dirigeants français.

est un traître à la cause, un mâle blanc est forcément l'oppresseur de sa conjointe, celui qui continue innocemment à dire que telle ou telle chose n'existe « pas plus qu'un troisième sexe » est immédiatement taxé d'inexcusable phobie et un Luxembourgeois d'origine, comme moi, devient l'héritier des négriers, quand bien même mes ascendants ont attendu les années 1950 pour voir la mer pour la première fois.

Avec cette « globalisation » à rebours et ce « multiculturalisme » déconstructeur de l'histoire des nations, voici venir une révolution culturelle – ou plutôt anticulturelle – pour le succès de laquelle nous devrions dénoncer nos arrière-arrière-grands-parents, nous charger de cette nouvelle version du péché originel et faire pénitence, en posant s'il le faut un genou à terre. Mao était en quelque sorte un « modeste joueur », qui ne s'attaquait qu'aux vivants. Si nous ou nos ancêtres n'avons pas été « victimes » ou « offensés », nous devons tous nous repentir, sans garantie d'obtenir un pardon. Celui-ci n'est accordé qu'au compte-gouttes par les tribunaux mobiles des nouveaux intégristes. Qui plus est, comme l'écrivait déjà Jean-François Revel en 1999, ces nihilistes « agissent par la terreur, non par la raison » et « se proposent non de servir, mais d'asservir ceux qu'ils visent à enrôler ». Au besoin en les enrôlant de force.

L'historien et journaliste Jean Sévillia me disait un jour que lorsqu'il commença à réfléchir aux ouvrages qu'il a consacrés aux manipulations de l'histoire, il n'avait guère trouvé de sujets « napoléoniens » suffisamment consistants à se mettre sous la dent[7]. Les choses ont bien changé dans les vingt dernières années et – pourquoi la tendance s'inverserait-elle ? –, le moment venu, Napoléon se verra de plus en plus appliquer les recettes punitives que nous venons de décrire. Elles ne feront pas qu'actualiser ou réchauffer les ritournelles le concernant, nées des pamphlets ultraroyalistes et des caricatures anglaises diffusés de son vivant, des crachats de l'école maurrassienne puis des vichystes collaborationnistes[8]. Nos (post)modernes globalistes y ajouteront une poignée de railleries contre le « roman national » – pure invention qui ne saurait avoir de valeur puisque, justement, *nationale* –, d'accusations de repli petitement hexagonal – traduisez : raciste – et d'appels à la contrition. En tant que ses héritiers,

7. Ces travaux de Jean Sévillia – *Le Terrorisme intellectuel*, *Moralement correct*, *Historiquement correct*, *Historiquement incorrect* – ont été regroupés en un volume : *Écrits historiques de combat*, Perrin, 2016.

8. Ils voyaient en Napoléon – intégrateur des Juifs et restaurateur du Grand Orient – le grand complice du « complot judéo-maçonnique ». Seule son anglophobie trouvait grâce à leurs yeux.

nous devrons subir le châtiment moral de ses erreurs et de ses « crimes ». Et comme on ne pourra prendre au pied de la lettre le pamphlet humoristique de Jean-Baptiste Pérès, publié en 1827 sous le titre *Comme quoi Napoléon n'a jamais existé*, on ressassera ces questions « qui fâchent », en faisant du neuf avec du vieux grâce à l'alchimie d'une pseudo-morale contemporaine qui amalgame tout pour cuisiner son margouillis. « Dans les têtes fanatisées, il n'y a pas d'organes par où la raison puisse entrer », regrettait déjà le général Bonaparte dans une lettre au Directoire de juin 1799.

Pour redoutable qu'il soit, ce scénario se heurte à un « mais » de taille. Au grand désappointement de cette superstructure bien-pensante qui n'a pas encore réussi à les rééduquer, les « masses » demandent et redemandent qu'on leur raconte et qu'on leur explique Napoléon. Ayant conservé l'« esprit d'enfance », cher à Bernanos, les hommes aiment qu'on leur raconte des histoires, surtout quand elles sont vraies. Les épisodes de sa vie, ses réussites et ses déboires, ses actions et ses pensées, ses batailles et ses réformes, ses victoires et ses défaites, les femmes et les hommes qui l'ont entouré ou affronté, en un mot, tout ce qui ramène à lui, passionne nos concitoyens : pas un programme d'éditeur qui ne comporte deux ou trois fois l'an des titres napoléoniens ; pas une saison des populaires

Secrets d'histoire sans lui ; pas une chaîne, thématique ou non, qui ne lui réserve une case dans sa grille ; pas un scénariste ou un documentariste qui n'ait dans ses cartons un projet le concernant de près ou de loin ; pas un magazine historique qui ne lui consacre régulièrement sa couverture ou un numéro hors-série ; pas un quotidien ou un hebdomadaire qui ne lui ouvre de temps en temps ses pages « magazine » ; pas un musée qui n'ait programmé depuis trois décennies une exposition sur lui, sur les artistes ou l'art de son temps ; pas une municipalité qui n'ait profité des bicentenaires pour, ici, restaurer un monument, là, apposer une plaque en souvenir d'un enfant de la commune qui s'est illustré sous son gouvernement[9] ; pas un de nos présidents qui ne lui soit comparé[10], sans parler des « Napoléon des affaires » ou des « Napoléon du football » qui fleurissent régulièrement en une dans l'espoir de pimenter les ventes. Après le succès phénoménal des reconstitutions historiques ayant scandé

9. Un groupe de communes a même créé un label « Ville impériale », pour appuyer sa politique touristique et culturelle.

10. Même François Hollande a été comparé à Napoléon par les journaux étrangers, comme l'espagnole *ABC* du 13 mai 2012. Reconnaissons que nous avons dû aller chercher cette référence dans les profondeurs d'Internet qui, dans ce cas, justifie sa réputation de ne rien oublier.

les commémorations des vingt dernières années, on le verra peut-être même raper et slamer sur scène, dans un « opéra urbain » que projette un créateur de spectacles musicaux à succès[11]. Enfin – mais peut-on être exhaustif ? – il a conquis la Toile et les réseaux sociaux : sites, pages, groupes d'amis et de gazouilleurs à lui consacrés se comptent par milliers.

Rien de ce qui le concerne ne laisse indifférent. D'où venait-il ? Qui était-il vraiment ? Que voulait-il ? Que mangeait-il ? Comment aimait-il ? Qu'a-t-il dit ou pas dit ? Était-il un génie ? Un dictateur ? Un fondateur ou un opportuniste ? À quoi ont servi ses guerres ? A-t-il voulu faire l'Europe ? De quoi est-il mort ? Et même : « Que ferait-il s'il revenait ? ». Question stérile, certes, mais qui révèle la nostalgie du sauveur, vieille recette hexagonale pour conjurer le sentiment d'impuissance qui étreint face aux médiocrités ambiantes.

« Toujours lui ! Lui partout ! », Victor Hugo continue à avoir raison[12].

---

11. Créateur des *Dix Commandements*, de *Mozart* ou du *Roi-Soleil*, Dove Attia préparait, au moment où nous écrivions ces lignes, un « Napoléon et Joséphine. Opéra urbain ».

12. « Lui », *Les Orientales*, décembre 1828.

2
Ce que certains détestent en lui

La trace unique de Napoléon sur notre histoire et sur notre identité, presque notre intimité, empêche certains de le laisser dormir en paix et de bénéficier tranquillement de sa postérité. Ils enragent qu'il reste l'un des trois personnages historiques préférés des Français, avec Louis XIV et Charles de Gaulle. Aussi l'accusent-ils de tous les maux et se moquent-ils de la dévotion qu'il suscite dans les milieux associatifs et chez les passionnés de reconstitution historique. Ils aimeraient qu'il n'ait plus ni rues ni statues et – pourquoi s'arrêter en si bon chemin ? – que seul ce qu'ils jugent être ses égarements figure dans les manuels scolaires. Ils y sont parvenus pendant une quinzaine d'années, à partir du début des années 2000, en dénaturant l'œuvre napoléonienne… mais le retour récent du XIXe siècle français dans les programmes ne leur dit rien qui vaille et les scandalise même[1]. En politique intérieure, ils rejettent à travers lui ce qu'ils détestent : l'autorité de l'État, la primauté de l'intérêt général, l'unité nationale, l'ordre public, les « hiérarchies » – même celles découlant du mérite puisque ceux qui n'en ont aucun doivent naturellement leur échec à l'oppression sociale et non à leur refus de l'effort. En politique extérieure, ils stigmatisent son « ambition démesurée » ou son « amour de la guerre », négligeant les facteurs historiques et géopolitiques pour les besoins de leur réquisitoire. À rebours de la véritable histoire, ils repeignent le passé à la couleur d'un présent imaginaire et fantasmé, commettant non seulement une erreur mais une faute, comme l'avait dit l'entourage de Bonaparte au moment de l'affaire du duc d'Enghien. Ils ignorent – on ne peut même pas dire « feignent d'ignorer », tant ils croient à ce qu'ils disent – que les rapports de force, les rivalités anciennes, les questions de frontières, les facteurs linguistiques ou religieux, jusqu'aux cours des fleuves et la topographie y sont presque tout, tandis que l'idéo-

1. On imagine la surprise de certains élèves constatant qu'avec les Empires, la Restauration et la monarchie de Juillet, il s'est passé au XIXe siècle bien d'autres choses que la conquête de l'Algérie.

logie droit-de-l'hommiste, hier les arbres de la liberté, aujourd'hui les lâchers de colombes, l'allumage des bougies entourées de nounours et les bons sentiments n'y jouent qu'un rôle secondaire ou de cache-sexe.

Si l'on osait, on dirait que ces gens froids et sans joie, que révulsent ensemble les Lumières et l'étude, les troqueraient volontiers, y compris dans leur vision des siècles passés, contre les cosmopolitismes brouillons et pluriels de l'extrême gauche verte-rouge mondialisée et de leurs alliés objectifs, bobos de nos grandes villes et mouvements radicaux. Ces ayatollahs du bien ressemblent aux néopuritains dont Henri-Louis Mercken nous disait que « la crainte épouvantable est que quelqu'un puisse être heureux quelque part ». Les plus militants, à qui des médias complices ou flemmards tendent le plus volontiers leurs micros, accompagnent leur combat idéologique d'une rengaine qu'ils veulent faire passer pour le dernier tube à la mode : il faudrait *enfin* avoir le courage de « regarder notre histoire en face » et la « re-vi-si-ter ».

Voici quarante ans que j'entends cet air pompier, comme l'ont entendu mes maîtres et leurs devanciers. À en croire ses interprètes, nous devrions nous « bouger », quitter nos « certitudes », évidemment pour nous prêter à leur contorsion des faits. Nonobstant leurs conclusions toutes faites, la vérité est que l'historien n'arrête jamais de « revisiter » le passé. C'est même sa raison d'être. Il lui arrive bien plus fréquemment qu'ils le croient de remettre en cause ou de réajuster des opinions ou des faits que l'on jugeait acquis. On peut même dire qu'il ne cherche que cela, ne serait-ce que pour gagner sa place dans son milieu. Mais l'historien, cet enquêteur du passé qui cherche à le comprendre pour pouvoir l'enseigner, ne peut non plus avancer sur le vide ou sur une table rase et encore moins se conformer à des slogans. Si une dose de doute et d'irrespect sur les travaux de ses prédécesseurs lui est nécessaire, il a besoin de faits avérés et de réflexion tranquille pour les contredire ou les confirmer. Notons aussi que ses problématiques et ses questionnements évoluent naturellement en résonance avec la société de son temps. Pour le sujet qui nous intéresse, Napoléon, Stendhal écrivait déjà en 1837 qu'il faudrait « d'ici cinquante ans, refaire [son] histoire tous les ans ». Et c'est bien ce qui continue à se passer dans tous les domaines : l'anthropologie militaire, la géopolitique, les études économiques et sociales, l'ouverture aux questions prégnantes de nos sociétés – statut des femmes, homosexualité, intégration des Juifs, esclavage, retraites, chômage, aspects européens, échanges entre les peuples, etc. – sont entrées de plain-pied dans le champ des études napoléoniennes, en même temps que s'approfondissaient les sujets plus classiques qui ne seront jamais épuisés. Il y a belle lurette que Napoléon n'est plus le « dictateur des historiens » (Gérard Gengembre) qu'il fut pendant la première moitié du XIXe siècle. Sa mainmise sur sa propre postérité est remise en cause depuis bien longtemps.

À entendre les chroniqueurs (pas toujours étourdis) et les militants (rarement informés), tout resterait pourtant tristement inerte. Ils ne sauraient vous dire quand la « chape de plomb » est tombée sur l'histoire napoléonienne, mais sont convaincus et veulent imposer l'idée que les historiens du Consulat et de l'Empire sont assis sur ce couvercle afin de tromper leur monde. Même si leurs chants tournent essentiellement en boucle dans leur circuit fermé, une petite musique finit par s'en échapper et par laisser des traces dans tous les esprits, même les mieux intentionnés, façon « Air de la calomnie » du *Barbier de Séville*. Pêle-mêle, ils assènent et assèneront, sans références et sans débats, que les guerres « de Napoléon » ont fait des « millions de morts » ; que son Code civil a assuré à lui seul le triomphe du « patriarcat » ; que son régime était à peine moins mauvais que celui d'Hitler et de Staline ; que sa justice n'agissait que sur ordre ; que le rétablissement de l'esclavage se doubla d'un projet de génocide des Noirs ; etc. Ce péremptoire prêt-à-revisiter ravit leurs affidés qui, désormais, « savent » sans avoir plus besoin d'apprendre et se croient autorisés à répondre aux questions avant même de les avoir étudiées. Les historiens napoléoniens ne leur servent à rien, qui ne sont bons qu'à défendre leur « champion » et le totalitarisme dont il est « indiscutablement » l'inventeur.

Chacun le pressent, Napoléon n'est pas leur cible principale mais un élément tactique d'une stratégie qui vise à dégoûter les Français de leur histoire, à les déraciner toujours un peu plus pour planter sur la friche une nouvelle et « bienfaisante » doxa qui écarte le savoir et la raison au profit des seules passions minoritaires qui ont pignon médiatique sur rue. L'avant-garde du mouvement sait qu'un peuple sans passé, sans conscience et – mieux – sans connaissance est manipulable à l'envi. Leurs alliés, semblables aux « idiots utiles » qui seraient les premiers broyés s'ils triomphaient, les laissent faire, tandis que les timorés, y compris haut placés, font mine d'ignorer la réalité de leur projet ou, pis, devancent leurs désirs, pour avoir la paix tout de suite. Un pas-de-vaguisme teinté de lâcheté que nous risquons un jour de payer cher, comme nous payons, dans la lutte contre l'islam politique, celui qui prévaut dans l'Éducation nationale.

Si l'on croit à ce qu'on fait et qu'on ambitionne de faire œuvre un peu utile, on ne peut évidemment se soumettre à de tels desseins. Entrons dès lors de bon cœur dans le débat en y mettant cependant des conditions : il doit se fonder sur la connaissance et les faits, le respect de la chronologie et une compréhension minimale de l'époque, en laissant au vestiaire le poids des émotions et des frustrations actuelles. Il ne s'agit pas de négocier puis de faire adopter un compromis par on ne sait quelle assemblée générale, mais d'argumenter entre concitoyens. Et tant pis, ou même tant mieux, si l'on n'arrive pas à épuiser définitivement toutes les controverses : nous laisserons du travail à nos successeurs et montrerons à ceux qui l'ignorent que l'histoire est une matière vivante dont la chaîne traverse les générations. On n'a certes guère d'espoirs que les animateurs du mouvement que nous venons de décrire et leurs porte-voix se revendiquant « ligues de défense », « collectifs » et autres associations subventionnées acceptent de respecter ces bornes. Mais ils sont encore minoritaires – quoique bruyants – dans notre communauté nationale. C'est aux autres, ceux qui fléchissent et commencent à douter, qu'il faut s'adresser en priorité. Il faut s'y résoudre avant que les adeptes de la nouvelle doctrine des « ouverts-au-monde » (comme s'ils étaient les seuls) et autoproclamés redresseurs de torts ne réussissent à nous réduire au silence pour mieux s'emparer de nos esprits.

3
N'ayez pas peur !

Des alliés, les contempteurs de Napoléon en trouvent parfois d'inattendus. On se rappelle par exemple comment, en 2005, le président Jacques Chirac décida de passer sous silence le bicentenaire de la victoire d'Austerlitz. Sous prétexte officieux de ménager les anciens vaincus devenus nos « partenaires européens », il ordonna l'annulation de plusieurs événements parisiens destinés à marquer le souvenir de l'événement. La victime la plus remarquable de ce fait du Prince fut une exposition sur la bataille et ses conséquences au musée de l'Armée. Elle était pourtant destinée à s'exporter ensuite en Russie, en Autriche et en République tchèque, ce qui tend à montrer que nos « partenaires » n'étaient pas aussi irrités que le prétendait le chef de l'État. Aucune explication publique ne fut donnée à cette décision régalienne et, accessoirement, les sommes avancées par les mécènes ne leur furent pas restituées. À la même époque, en revanche, le porte-avions *Charles de Gaulle* et plusieurs bâtiments de la marine nationale participèrent à des manœuvres franco-britanniques. Le point d'orgue en fut une revue navale fixée au 21 octobre 2005… qui se trouvait être, sans que personne s'en soit aperçu à Paris – on n'est pas obligé de le croire –, le jour du bicentenaire de Trafalgar. On a parfois prétendu que Jacques Chirac avait en réalité réagi à une polémique, activée au même moment – que j'évoquerai plus loin –, sur le « génocide des Noirs » qui aurait été planifié à partir de 1802 par Napoléon en personne. Ayant été à un petit niveau témoin et acteur impuissant de ces événements, je puis affirmer qu'il n'en fut rien. Le livre qui dénonçait cette prétendue turpitude – alors inédite mais qui a connu depuis un certain succès – fut en effet publié bien après l'oukase présidentiel. Il ne servit qu'après coup de paratonnerre aux critiques suscitées par les annulations et la parade de la Royale[1].

---

1. *Le Crime de Napoléon*, de Claude Ribbe, est paru le 1er décembre 2005. Il y avait déjà plusieurs mois que Jacques Chirac avait informé le musée de l'Armée de l'annulation de son exposition. Le lendemain, 2 décembre, la traditionnelle cérémonie de l'école militaire de Saint-Cyr à la colonne Vendôme, à laquelle l'armée de terre avait voulu donner un lustre particulier,

Quinze ans plus tard, une sorte de « jurisprudence Chirac » s'est incrustée dans les milieux officiels : elle souhaite qu'on ne commémore pas par principe Napoléon et que, lorsqu'on ne peut pas faire autrement, précautions et excuses soient de rigueur. Comme l'écrit Patrice Gueniffey au sujet des reculs de 2005, on préfère « affaler les voiles », même en cas de brise légère[2]. Car nos politiques ont désormais horreur des vagues – et même des vaguelettes – au point de préférer piétiner l'avis, les goûts et les intérêts de la majorité silencieuse pour éviter les gueulements des minorités bruyantes. Cette doctrine non écrite a contaminé jusqu'aux réflexes de ceux dont la fonction devrait être non pas de défendre mais de traiter et transmettre, avec science, bon sens et raison, l'histoire et la mémoire de l'épisode napoléonien. Une de mes mésaventures illustre à quel point

---

eut bien lieu mais avait été transformée dans les semaines précédentes en « rencontre Armée-Nation », escamotant Napoléon et Austerlitz. Elle fut présidée par… le ministre de la Justice (Pascal Clément), tandis que le Premier ministre Dominique de Villepin, napoléoniste distingué, s'en allait prononcer quelque discours urgent devant une chambre de commerce de province. Dans ce cas aussi, l'ouvrage de Ribbe ne joua aucun rôle, mais l'auteur ne se priva pas de tirer gloire de ces atermoiements sans être démenti.

2. *Napoléon et de Gaulle*, Perrin, 2017, p. 155.

elle a fini par polluer l'environnement intellectuel et administratif.

J'ai eu l'honneur d'être invité en 2019 à une réunion du gratin des musées et institutions historiques françaises. Le sujet en était l'organisation, pour le deux centième anniversaire de la mort de l'Empereur, d'une exposition retraçant sa vie et son œuvre, dans un lieu adapté à l'accueil d'un public nombreux et populaire. Un premier tour de table fit naître bien des espoirs, les commissaires pressentis ayant communiqué leur ferveur à l'aréopage. On évoquait les précédents français qui, depuis l'exposition « Napoléon » du Grand Palais, en 1969, avaient attiré des foules de visiteurs[3]. Les conservateurs promettaient sans barguigner de prêter leurs trésors (ce qui n'est pas fréquent), les historiens se réjouissaient que leurs travaux puissent être exploités et mieux connus, les gestionnaires de la salle choisie appelaient à une présentation non compassée pour « attirer la jeunesse ». L'équipe chargée du catalogue et de la commercialisation des produits dérivés se frottait discrètement les

3. Exposition organisée pour le bicentenaire de la naissance de Napoléon, dans le cadre d'un vaste programme de commémorations commandé par le général de Gaulle et continué, avec moins de fastes, par Georges Pompidou.

mains en pensant aux recettes assurées. On se prenait à rêver de clore les bicentenaires napoléoniens « par un coup de tonnerre », comme l'avait fait dire Edmond Rostand à son Aiglon évoquant Austerlitz. Une sorte de revanche sur 2005.

Puis les commissaires présentèrent leur projet de découpage. Rien que du classique : le *self-made man* (il faudrait trouver des termes français, précisaient-ils), le général de la Révolution, le fondateur de la France contemporaine, le conquérant vainqueur puis vaincu, le prisonnier de l'Europe, l'homme de la légende. C'est alors que, à la cinquante et unième minute de la réunion, les communicants de l'institution organisatrice prirent la parole pour refroidir d'un coup toutes les ardeurs : et le rétablissement de l'esclavage ? et le statut de la femme dans le Code ? et les victimes des guerres ? et l'Europe « sous la botte » ? et le « totalitarisme » napoléonien ? On n'entendit plus une mouche voler, parce qu'elles se débattaient déjà toutes dans le potage. Quelques hauts fonctionnaires opinèrent du chef, comme soulagés qu'enfin les bonnes questions fussent posées sans qu'ils aient eu besoin de se découvrir. Un homme du marketing se fit sociologue pour révéler que, selon des études qu'il avait « empiriquement menées », un quart des interrogés ne voyaient pas pourquoi on devrait célébrer un « tyran » (j'ignore comment et à qui la question fut posée). Et la gent administrative de s'effrayer que des manifestations puissent troubler la future inauguration (qu'allait penser le ministre ?), que les « jeunes » des quartiers périphériques boudent l'événement ou, pis, mobilisés par des forces indéfinies mais effrayantes, déferlent furieux vers le lieu de l'exposition. Napoléon était devenu un enjeu du présent et des carrières, mais aussi et surtout le baromètre des lâchetés de notre temps. Médusés comme moi, les commissaires plaisantèrent en disant que, dans ces conditions, il fallait intituler l'exposition « contre Napoléon », ce qui contenterait les fameux 25 %, à condition qu'ils daignent venir. On n'avait encore parlé de rien de vraiment concret mais on nous demandait déjà de capituler devant la mode et l'air du temps, de céder à une forme de défiance supposée et de haine de soi manifeste. Le tout sans prêter le moins du monde attention à l'intérêt et au plaisir que pourraient éprouver – si le doigt mouillé disait vrai – les 75 % du public pouvant s'intéresser à une exposition Napoléon. Je cédai à l'envie d'exhorter les dubitatifs, à la manière d'un Jean-Paul II : « N'ayez pas peur ! »

Pourquoi, en effet, avoir peur de Napoléon ? Il est mort il y a deux siècles, dort au bord de la Seine depuis cent quatre-vingts ans et le bonapartisme

– qui fut surtout celui de son neveu Napoléon III – s'est éteint comme force politique significative à la fin des années 1920, avec la sortie du Parlement de ses derniers députés. Les groupes qui s'en réclament encore ne peuvent même plus se réunir dans les cabines téléphoniques depuis qu'on les a supprimées. Pour le reste, Napoléon reste, avec ses côtés ensoleillés et ses ombres, un personnage central et populaire de notre histoire.

Pour beaucoup, c'était déjà trop. Ils ne craignaient pas, bien sûr, le fantôme du bonapartisme mais les réactions d'autres « communautés » qui se moquent bien de ces « vieilles histoires », et même de l'Histoire tout court : ils veulent faire rendre gorge au « roman national » et exigent l'aveu purificateur des crimes que la France aurait commis. Avec les commissaires et les conservateurs, nous décidâmes de ne pas quitter le navire, pour rassurer, à défaut de toujours convaincre, nos interlocuteurs. Il fallut pour cela se battre pied à pied, sur chaque sujet, pendant des mois, non pour escamoter et encore moins nier les noirceurs (à commencer bien sûr par le rétablissement de l'esclavage), mais pour les mettre à leur juste place historique[4]. Après

4. Pour l'anecdote, c'est à l'issue de cette réunion que j'ai décidé d'écrire cet essai.

bien des soubresauts, hésitations et revirements, sans parler des pressions de certains conseillers ministériels, nous finîmes par être mieux compris et tous les interlocuteurs s'accordèrent sur une exposition évoquant comme il est normal les « questions qui fâchent », mais à une juste place par rapport à l'ensemble d'une œuvre napoléonienne qui les dépasse si largement.

4
« Sensibilités » contemporaines

Jusqu'au milieu des années 1960, il n'était pas recommandé à un jeune chercheur d'annoncer à ses maîtres qu'il voulait entreprendre des recherches sur la période napoléonienne. En leur temps, pour avoir passé outre, Frédéric Masson ou Louis Madelin avaient dû aller voir ailleurs que dans l'université pour poursuivre leurs travaux. Ces deux-là furent accueillis à bras ouverts par le grand public et purent se réfugier à l'Académie française. D'autres, moins obstinés, abandonnèrent leurs projets ou, plus persévérants, n'eurent droit qu'à des postes aux intitulés très larges (pour noyer le poisson napoléonien) ou sans rapport avec leurs préférences. Pour les débuts de la période contemporaine, l'université ne voulait entendre parler que de la Révolution française. Fort de sa position à la Sorbonne et dans les jurys de recrutement, Ernest

Labrousse, homme de gauche un temps membre du PCF, était le grand maître de cette école qui, passant ensuite entre les mains des marxistes purs et durs, réduisit encore le champ des études révolutionnaires à la période conventionnelle. Le moindre groupuscule jacobin perdu dans les montagnes avait droit aux honneurs d'un mémoire, voire d'une thèse, les filiations les plus ténues entre tel penseur révolutionnaire et la glorieuse filleule bolchevique étaient cajolées, toute remise en cause de la « mauvaise » Révolution (version 1789), irrémédiablement « bourgeoise », se voyait dérouler le tapis rouge, Robespierre et le grand Comité de salut public présentaient un « bilan globalement positif » (comme ont pu dire les communistes français pour l'Union soviétique). Et lorsqu'un Georges Lefebvre ou un Albert Soboul, historiens marxisants, le second lui aussi adhérent du PCF, quittaient leur zone d'influence pour s'aventurer en terres napoléoniennes, le sérail se régalait de les voir soutenir, pour l'un, que le Consulat et l'Empire étaient une « dictature militaire », pour l'autre, que leurs réformes n'étaient qu'un avatar de la lutte des classes préindustrielle.

Hors quelques îlots, dont la chaire de Marcel Dunan en Sorbonne, il ne restait plus guère que les écrivains d'histoire pour satisfaire et soutenir l'intérêt des étudiants et du public, avec toujours le soupçon qu'ils fussent réactionnaires, gentils fous ou « fanamilis », ce que tous n'étaient pas. Et pour disqualifier les plus populaires, on rappelait immanquablement qu'André Castelot avait tâté de la collaboration – quand bien même la Cour de justice l'avait (généreusement) blanchi – ou qu'Alain Decaux, certes penchant à gauche, n'était *que* journaliste et – dédain suprême – grand prêtre médiatique.

Depuis le début des années 1970, les choses ont évolué, avec une nette accélération à partir de la décennie suivante. L'historiographie napoléonienne s'est plus rapidement renouvelée, avec l'éclosion de plusieurs générations de spécialistes, disciples de Jean Tulard – lui-même l'est de Dunan – puis ses successeurs et leurs élèves. Après un demi-siècle d'efforts, le « pape » des études napoléoniennes aura finalement accompli le programme qu'il fixait, pour lui-même et pour sa discipline, dans *La Morale de l'historien*, coécrit en 1985 avec son complice Guy Thuillier : la patience, la diplomatie et l'esprit conquérant (la moindre des choses pour un napoléoniste !) ne sont rien s'ils ne s'accompagnent d'une production variée (sources, outils de travail, manuels, études générales, revues...), de réseaux français et étrangers (y compris hors de l'université), de l'utilisation des outils modernes (la télévision puis le numérique), du repérage et de la promotion des jeunes talents. Ce patient travail a fait des petits en histoire de l'art, des lettres, des sciences ou du droit : dans toutes ces matières, les mémoires, les thèses et les publications scientifiques se multiplient. Il a été contagieux dans les milieux non universitaires où l'on pourrait presque dire, par exemple, que les musées ont redécouvert Napoléon et le style Empire depuis une trentaine d'années ou que les associations de passionnés se sont mises au diapason de la qualité. Tous ces efforts, du réexamen des sources à la découverte de nouveaux documents, montrent que, contrairement à ce que l'on croit et dit souvent, il y a encore beaucoup à dire et que nous n'en avons pas fini avec l'histoire napoléonienne. Elle reste un secteur dynamique et polyphonique, n'en déplaise à ceux qui affirment que nous sommes rétifs à la « re-vi-si-ter ».

Sur le terrain académique, le temps où Napoléon et son régime suscitaient une lutte féroce entre les « antis » et les « pros » pourrait donc paraître révolu. Mais ce rééquilibrage est déjà remis en cause. Le déclin de l'autorité intellectuelle et du prestige de l'université s'accélère tandis que, dans le même temps, la simplification à l'extrême des questions historiques par les médias traditionnels et les réseaux sociaux facilite la montée en puissance de nouvelles idéologies et revendications face auxquelles la société entière se comporte comme une poule devant un couteau. Ces médias qui n'en sont plus incarnent « la hâte et la superficialité » de notre temps, déjà dénoncées par Soljenitsyne – qui ne parlait que de la presse – dans son fameux discours de Harvard (1978).

Si l'on peut donc encore parler de l'époque napoléonienne dans les universités françaises sans risquer les blocages ou les insultes, quelques petites capitulations – annulations de conférences et de spectacles, perturbations de cours – font redouter que nous soyons sur la pente qui mène à l'« université de la peur », à l'américaine. Là-bas, sur les campus les plus prestigieux, avec la complicité des autorités administratives, les enseignants – de préférence les « mâles blancs » – sont chahutés, privés de parole et parfois même renvoyés pour avoir tenté de résister aux exigences de certains lobbies. Il n'y a aucune raison pour que, un jour ou l'autre, notre matière et d'autres ne soient pas l'objet, en France et en Europe occidentale, de cette offensive déconstructiviste, racialiste, décoloniale, multiculturaliste ou autre, visant à la réparation des « offenses » ou des « oppressions » et, tant qu'à faire, à la purification des âmes et à l'abolition de la raison. Avec à la clé la « *cancel culture* » dont le principal outil est le lynchage médiatique, en vue, non plus de faire taire, mais de faire disparaître du paysage intellectuel celui qui déplaît. Les signaux (pas si) faibles repérés depuis quelque temps et le culot des activistes devraient faire dresser l'oreille et mettre en éveil. Ça n'est hélas pas le cas.

Avant même de combattre, des établissements universitaires parmi les plus prestigieux capitulent devant les exigences les plus folles, y compris celles de groupuscules prétendant représenter les étudiants et dont, mécaniquement, les leaders deviendront, parfois sans avoir acquis aucun diplôme, des cadres des partis de gauche ou d'extrême gauche. Sans aucune expérience du monde réel, ils pourront poursuivre le développement et la mise en pratique de leur fantasmagorie dans le monde des grandes personnes. Et qu'on ne croie pas que la tutelle ministérielle essaie de canaliser ces exigences et les méthodes totalitaires qui les accompagnent. Elle laisse faire, lorsqu'elle n'encourage pas le développement prioritaire des études de genre, « multiculturelles » ou « postcoloniales » et, plus généralement, tout ce qui peut consoler les minorités – quand bien même elles sont absentes des amphis – des « blessures » qui leur ont été infligées par l'Occident cruel ou le mâle dominateur. L'enseignement supérieur marche droit vers la lecture à l'américaine des questions politiques et sociales : chasse aux mâles blancs, approches « genrées », discrimination

« positive » et, déjà, le « nommer-dénoncer » (*name and shame*) dont on verra bientôt les ravages. Pour le moment, les établissements qui tentent de résister sont gentiment réprimandés par les instances d'évaluation et d'inspection mais on sait bien que, dans ce type de combats idéologiques, la gentillesse laisse toujours la place aux injonctions puis aux sanctions.

Ces dangers réels – on ne peut même plus parler de menaces – doivent nous inciter, non à nier ou refouler l'irruption des sensibilités contemporaines dans l'histoire napoléonienne, mais à accueillir les thèmes incriminés dans nos champs d'études et de réflexions, à la place qu'ils méritent, ni plus ni moins. Encore faut-il pour cela s'extraire du débat strictement mémoriel – « représentations du passé forgées par le présent » (Enzo Traverso) – et des vogues compassionnelles et autodestructrices de l'époque. Ne pas jeter la connaissance historique par-dessus bord, en quelque sorte.

5
Le monde nous l'envie

Selon Jules Michelet, il est le dernier de nos grands hommes à avoir « fait de l'histoire de France celle de l'humanité[1] ». Des pans entiers de la culture française et européenne sont inspirés de son action et continuent à imprégner nos esprits. Rien de ce que la littérature, la philosophie et l'art ont produit pendant les deux premiers siècles qui ont suivi sa mort n'aurait pu exister sans l'histoire de Napoléon, le souvenir de Napoléon, le mythe de Napoléon, la légende de Napoléon. Béranger, Pouchkine, Balzac, Stendhal, Hugo et Tolstoï, évidemment, mais aussi Byron, Vigny, Nerval, Sainte-Beuve, Conan Doyle, Delteil, Morand, Aragon, Rambaud, Rouart, pour le roman, Manzoni,

1. Jules Michelet, *Le Peuple*, Librairie Marcel Didier, éd. 1946, p. 247.

Mickiewicz, Quinet, Taine, Hegel, Nietzsche, Malraux pour la philosophie, Rostand, Hardy, Shaw, Victorien Sardou ou Brisville pour le théâtre, Delacroix, Ingres, Géricault, Turner, les Vernet, Meissonnier ou Detaille pour la peinture, Seurre ou Nieuwerkerke pour la sculpture, Beethoven (qui se réconcilia avec son souvenir) ou Berlioz pour la musique classique, Bécaud ou Lama pour la variété, Gance, Guitry, Bondartchouk, Chahine ou de Caunes pour le cinéma, Henri Viard (*Bonape*) ou Cavanna, pour les parodies. Et on en passe ici des dizaines d'autres.

Même s'il ne l'a guère soutenu et jugeait son régime par trop autoritaire, François Guizot concédait, dès 1821, qu'un homme pareil ne pouvait « traverser le monde sans le sillonner profondément ». Car il n'a pas seulement bouleversé les imaginations. Ses solutions institutionnelles ont été adoptées par de nombreux pays. Sa centralisation a partout permis de lutter contre la féodalité. Son Conseil d'État a été mondialement copié. Son Code civil a été en vigueur et inspire encore la législation de nombreux pays, en Europe et dans le monde (Haïti, Uruguay, Argentine, un temps le Japon). La Chine actuelle s'en inspire (ou fait comme si...) pour sa propre codification en intégrant dans ses groupes de réflexion des civilistes français.

Si la marque napoléonienne, ici esquissée, dépasse nos frontières, elle appartient essentiellement à l'histoire et à l'identité[2] de la France. Pour le montrer, il est vivifiant, autant que surprenant parfois, de regarder ce qu'en pensent les étrangers. Il arrive que ce soient eux qui en parlent le mieux. Surtout, ils s'étonnent de voir à quel point certains chez nous renient Napoléon ou veulent réduire son rôle dans notre histoire, comme s'il en était un encombrant et accidentel acteur.

Près et loin de chez nous, il est cependant le personnage français le mieux connu et le plus considéré. Selon les cas, il est assimilé à la grandeur ou à l'arrogance de notre nation, mais il ne viendrait à l'idée de personne de lui donner une place secondaire. Il demeure si représentatif que les journaux étrangers taquinent chaque responsable français un peu visible en le soupçonnant de se prendre pour lui, le plus

2. Je n'ignore pas que l'utilisation du mot « identité », dont Fernand Braudel usait pourtant sans risque et même sous les applaudissements, peut dériver en « identitaire », mot caméléon et repoussoir qui succède à « réac » (vieilli), « facho » (désuet, mais sert encore beaucoup) ou « néo-réac » (daté années 1990) pour stigmatiser un interlocuteur puis l'exclure du droit au débat. Notons la résurgence actuelle de l'accusation de « faire le jeu du Front (ou du Rassemblement) national », qui revient à résumer le tout.

souvent pour rabaisser gentiment l'intéressé. Seuls les Britanniques y mettent rarement de la gentillesse, quoique : un notable succès de librairie de ces dernières années a été outre-Manche un *Napoleon the Great* (nul besoin de traduire), écrit par Andrew Roberts, historien respecté en même temps que parfaitement connecté à l'establishment de son pays. Ce livre a donné lieu à des débats qui, vus de leur rive historienne, confortent l'avènement d'une ère nouvelle dans le monde anglo-saxon : si les classiques, traditionnellement antinapoléoniens, sont montés au créneau pour critiquer la biographie de Roberts, celui-ci, après d'autres (Broers, Hazareesingh, Forrest...), a contribué à un changement de pied. Les théories simplificatrices, affirmant qu'une Angleterre généreuse et libérale se serait levée comme un seul homme contre le jacobinisme sanguinaire d'abord, le « tyran » qu'elle enfanta ensuite, perdent progressivement du terrain au profit d'une historiographie apaisée.

Il arrive aux étrangers de nous accompagner, voire de nous devancer dans l'étude comme dans la commémoration. Il n'est qu'à voir comment les Russes ont traité le bicentenaire de 1812 ou qu'à visiter le magnifique musée consacré à l'événement, sur la place Rouge, pour se rendre compte du respect que Napoléon et son épopée leur inspirent[3]. Dans leurs universités, des professeurs les enseignent et des étudiants les étudient, avec le sérieux que l'on reconnaît à la recherche russe. Même phénomène en Allemagne où, en 2006, les bicentenaires d'Iéna et de la création de la Confédération du Rhin alliée de la France napoléonienne ont donné lieu à d'importantes rencontres scientifiques, à de superbes expositions et même à la reconstitution de l'entrée de l'Empereur à Berlin, avec passage des reconstituteurs français et allemands sous la porte de Brandebourg. On verra plus loin ce qu'il faut penser de la comparaison Napoléon-Hitler, mais imagine-t-on, toutes choses égales par ailleurs, une reconstitution de l'entrée de la Wehrmacht à Paris ?

De pareils événements, journées d'étude et colloques « napoléoniens » ont lieu régulièrement en Italie, en Croatie, en Suisse, en Autriche, etc. En Belgique, autour du champ de bataille de Waterloo, on ne compte plus les « grandes conférences » (nom du cycle permanent de la ville) et les rencontres animées par une myriade d'associations et de sociétés savantes. Tandis que le

---

3. Le musée 1812 présente notamment les objets saisis pendant la retraite, soigneusement restaurés, et des collections d'œuvres achetées à plusieurs époques de l'histoire de la Russie. Napoléon et Alexandre Ier en sont les deux figures de proue.

musée Wellington, sis dans l'ancien quartier général du vainqueur, accueille plus souvent des événements napoléoniens que wellingtoniens, la reconstitution annuelle de la bataille, impressionnant moment d'histoire vivante, attire des participants et un public venus de toute l'Europe. Pour celle de 2015, on a compté plus de 5 000 figurants et 200 000 spectateurs, et c'est Franck Samson, un avocat français qui a longtemps tenu le « rôle » de Napoléon dans les reconstitutions, qui l'a de loin emporté à l'applaudimètre.

Plus à l'est, à la Bérézina, ont lieu chaque année des « festivités » – le mot n'est pas trop fort – franco-biélorusses associées à des rencontres historiques dans les universités de Minsk. L'ambassade de France ne manquerait pour rien au monde ces événements qui donnent l'occasion de fréquenter les autorités locales dans un cadre décontracté, alors que les relations officielles sont rendues difficiles par le caractère ombrageux de l'équipe au pouvoir, dirigée d'une main de fer par Alexandre Loukachenko. Symboliquement, lors des manifestations de protestations commencées à l'été 2020, les associations gérant les événements de la Bérézina ont clairement pris position contre un pouvoir accusé d'avoir truqué la présidentielle. Dans la foulée, les événements habituels ont été annulés.

Dans les colloques espagnols, alors que la guerre de la Péninsule est l'un des épisodes les plus déplorables de l'épopée, on débat des avantages et des inconvénients de l'importation de l'héritage de la Révolution française par l'Empereur et son frère Joseph. La droite et la gauche s'écharpent parfois autour du thème, que le franquisme avait confisqué comme mythe fondateur de la nation espagnole en lutte contre l'antéchrist et ses idées modernes.

Sait-on enfin qu'en 2003 une exposition Napoléon a attiré plus de 150 000 visiteurs à São Paulo, qu'ils étaient pas loin de 200 000 à Melbourne neuf ans plus tard[4], que les musées de plusieurs villes de Chine, du Japon et du Canada ont rencontré le succès avec le même sujet ; que le musée Napoléon de La Havane est un motif de fierté pour les autorités cubaines[5] ; que l'Égypte a rétabli l'Institut fondé par Bonaparte

4. São Paulo, exposition organisée par la fondation Armando-Alvares-Penteado (24 août-2 novembre 2003) ; Melbourne, exposition à la National Gallery of Victoria (31 mai-7 octobre 2012).

5. Fidel Castro était lui-même un grand amateur d'histoire napoléonienne. Lors de sa visite officielle en France, en mars 1995, il obtint que soit incluse dans son programme une visite du tombeau de l'Empereur. Il revêtit sa tenue militaire (la seule fois de son voyage) pour se rendre aux Invalides où il y fut notamment accompagné par Victor-André Masséna, actuel président de la Fondation Napoléon.

et que sa presse a salué en une la traduction en arabe du volume de la *Correspondance générale* concernant la campagne de 1798-1799 par l'historien Ahmed Youssef ; que chaque année depuis cinquante ans, les universités du sud des États-Unis – du moins celles qui ne sont pas encore submergées par la terreur genrée ou racialiste – organisent un « consortium » largement consacré à l'histoire napoléonienne ; que parmi les meilleurs spécialistes du Consulat et de l'Empire, certains enseignent à Moscou, Ekaterinbourg, Oxford, York, Naples, Rome, Milan, Amsterdam, Munich, Shreveport (Louisiane), New York ou Chicago ?

Lorsqu'on a, comme c'est mon cas, l'occasion de participer ou d'assister à ces événements, quel que soit leur genre, on n'est jamais gêné et encore moins honteux d'être napoléoniste et français, bien au contraire. Revenu des anathèmes (indignes de lui) qu'il lançait contre l'« usurpateur » dans *De Buonaparte et des Bourbons* (1814), Chateaubriand avait pressenti le phénomène dans ses *Mémoires d'outre-tombe* : « Vivant, il a manqué le monde ; mort, il le possède. »

6
D'où parles-tu, camarade ?

« D'où parles-tu, camarade ? » Mise à la mode par les trotsko-mao-marxistes surtout en Mai 68, cette question ne vise pas à obtenir une vraie réponse et encore moins à soupeser une opinion mais à disqualifier d'emblée un interlocuteur, voire à lui interdire de s'exprimer, y compris (surtout ?) sur un sujet qu'il connaît. La méthode pourrait m'être infligée. Étant historien de l'époque napoléonienne et directeur de la Fondation Napoléon, on pourrait penser que je suis en quelque sorte payé pour dire du bien de ce lointain « patron ». Plus subtilement, on pourrait me reprocher de mélanger histoire et mémoire, accusation qui « démontrerait » que, par incompétence, je confonds tout et ignore les règles élémentaires de ma profession.

En vérité, ma double casquette ne me gêne aucunement et, bien qu'estimant ne pas avoir à me justifier (ceci est après tout *mon* livre), je renvoie ceux qui douteraient de ma bonne foi à mes publications et, s'ils ont encore plus de temps, à celles de la fondation que je dirige depuis une vingtaine d'années[1]. Ils se rendront peut-être compte que je ne suis ni un inconditionnel, ni un nostalgique et encore moins un « partisan » de Napoléon. Sa cause ne m'est pas « sacrée » et je ne crois pas m'être laissé contaminer par la passion qu'il suscite. Léon Daudet n'aurait pas pu se moquer de moi comme il le faisait avec le grand napoléoniste Albert Vandal : je ne « clignote pas d'extase » pour l'Empereur. Je me régale en revanche de son époque, de la lecture parfois fastidieuse des archives et de celle, qui l'est rarement autant, des sources imprimées et d'une bibliographie sans cesse en mouvement. N'est-ce pas François Furet qui écrivait qu'on n'a pas à rougir du plaisir que procure le travail d'historien ?

Le Consulat et le Premier Empire me paraissent spécialement intéressants en ce qu'ils ramassent la plupart des grands enjeux de l'histoire politique, administra-

1. La Fondation Napoléon a été créée en 1987, grâce au legs de Martial Lapeyre. Son site d'histoire (napoleon.org) compte environ 12 000 textes et articles. Son organisation, les services qu'elle propose, ses rapports d'activité et ses bilans financiers peuvent être consultés sur le site fondationnapoleon.org. La liste de mes publications figure au début et à la fin de cet ouvrage.

tive, sociale, militaire et diplomatique en une période fort brève, dans la rencontre de ce que Renan appelait « une géométrie inflexible [et] une simple succession d'incidents fortuits ». En forçant à peine le trait, compte tenu de l'œuvre colossale et multiforme accomplie, on pourrait dire qu'ils sont de la « longue durée » en quinze ans. Pour les comprendre et les mettre en contexte, il faut remonter loin. Pour mesurer leur importance, il faut poursuivre longtemps son chemin sur l'axe du temps. Ajoutons qu'ils placèrent des dirigeants et des peuples au pied de montagnes de problèmes et de questions couvrant tout le spectre des possibles et des impossibles, notamment parce que l'ancienne légitimité monarchique n'était pas encore morte et que la nouvelle ne s'était pas encore totalement imposée. C'est à ce carrefour de deux époques, les deux rives chères à Chateaubriand, que se déploya l'activité de Napoléon. Dans son bilan, certaines de ses décisions et certains de ses choix me plaisent, d'autres non, mais cela n'a pas grande importance. Mieux : cela n'a pas à entrer en ligne de compte dans mon travail. Même si je ne peux réduire au silence d'autres parts de ma personnalité – citoyen de mon époque, de bonne ou de mauvaise humeur, optimiste ou mélancolique… –, je m'emploie à faire mon métier avec le recul nécessaire, en faisant chez Napoléon la part du monstre épique et du gouvernant réel. Je m'attache à la connaissance et à l'évaluation des sources, afin de tenter de reconstituer, ordonner et relier des faits, sans oublier jamais de les placer autant qu'il m'est possible dans leur contexte. Le b.a.ba pour commencer. Vient ensuite le moment de rendre mes conclusions et hypothèses compréhensibles, instructives et, si possible, agréables à découvrir par mes auditeurs ou mes lecteurs. Je me considère leur devoir toujours honnêteté, impartialité et, n'ayons pas peur des mots, enthousiasme. Je ne suis pas là pour ennuyer ceux qui veulent bien m'écouter ou me lire.

Et, pourtant, combien de fois m'a-t-on soupçonné d'arrière-pensées, de vouloir faire prévaloir mes tendances prétendument « droitières » (qu'en sait-on ?) en me servant de ma double position à je ne sais trop quelles fins. Pour certains, un napoléoniste est en effet par définition un réactionnaire passéiste qui se requinque et surmonte ses angoisses existentielles en criant *Vive l'Empereur !* plusieurs fois par jour. Ces *a priori* ridicules font sourire, quand bien même ils m'ont valu quelques instructives et passagères déconvenues. J'en pourrais citer des quantités, en voici seulement trois : un colloque à l'hôtel de ville de Paris, en 2002, au cours duquel je fus hué par les Antillais nombreux dans la salle lors de ma communication sur le rétablissement de l'esclavage[2] ; une journée de formation aux nouveaux programmes scolaires organisée par une académie de la région parisienne, en 2020, lorsqu'une enseignante quitta la salle avec fracas alors que j'évoquais le statut de la femme dans le Code civil de 1804[3] ; encore en 2020, quand la direction d'une école de commerce de Nantes me désinvita d'une conférence organisée par ses étudiants au motif qu'elle « ne souhaitait pas valoriser l'héritage napoléonien en cette période[4] ». À ces trois moments, on ne voulut pas croire que je n'étais pas un supporteur et encore moins le représentant de Napoléon sur terre !

---

2. Pour calmer « mes » détracteurs, une adjointe au maire demanda à la salle de « respecter [mon] courage d'être venu ». J'ignorais qu'il fallait du courage pour se rendre à la mairie de Paris.

3. Nous étions quelques jours après la cérémonie des Césars au cours de laquelle Adèle Haenel avait voulu protester contre une récompense attribuée à Roman Polanski. En sortant, l'enseignante imita le geste (un zéro formé avec le pouce et l'index) que la comédienne avait adressé à l'assistance en sortant du théâtre.

4. L'information « enflamma » la Toile pendant deux jours. La direction de l'école publia un communiqué arguant de la « crise sanitaire » consécutive au confinement du printemps pour justifier sa décision. Or, la conférence était prévue pour l'hiver suivant, soit cinq mois plus tard. Elle ignorait donc, comme tout le monde, qu'il y aurait un second confinement.

Le dialogue historique devient difficile lorsque s'y mêlent les luttes contemporaines et que, cela va souvent de pair, la connaissance est comptée pour rien. On a raison de penser que nul n'est obligé de tout savoir sur Napoléon mais que lorsqu'on en veut parler, il faudrait tout de même disposer d'un minimum de bagage. Mais ses modernes détracteurs se moquent comme d'une guigne de fonder leurs critiques sur des à-peu-près et une grille de lecture anachronique. Leur tribunal s'arroge le droit de prendre confortablement l'histoire à rebours pour la juger, en faisant fi des circonstances, des intentions et de la différence des temps. Ces inquisiteurs pensent avoir raison du seul fait de s'indigner, de s'autoproclamer défenseur de « victimes », d'envisager le passé au filtre des lubies ou des combats actuels. Tenter de leur expliquer qu'avant de parler d'histoire, le mieux est tout de même de l'apprendre (au moins un peu) est peine perdue : ce savoir-là ne les intéresse pas, parce qu'il pourrait rendre « discutables » leurs convictions… et que rien ne les rebute plus que d'avoir à en discuter, ne serait-ce que pour ne pas être considérés comme des modérés – autant dire des traîtres – par le reste de leur secte. Les moins sincères d'entre eux ne sont d'ailleurs pas intéressés à corriger leur inculture. Ils ne s'attachent qu'aux dégâts qu'ils peuvent occasionner à des idées et des idéaux qu'ils estiment dépassés, vomissent l'histoire de « ce » pays, la conviction que nous sommes redevables de ceux qui nous ont précédés et, bien sûr, tout attachement à la nation, terreau de l'immonde nationalisme qui entraîne le monde à sa perte. L'enracinement n'est pas dans leur « logiciel » et ils ne peuvent pas même concevoir qu'il puisse réunir (ce qui demande un effort) plutôt qu'exclure (qui n'en demande aucun). Leurs oukases nient jusqu'à l'utilité ou le bonheur d'apprendre, car leurs croyances valent plus que le savoir. Pour couronner le tout, ils entendent réduire à leur main les libertés de pensée et d'expression, les « valeurs de la République » n'étant invoquées qu'à des fins d'habillage de leurs excommunications. Ils veulent des procès, pas des discussions. Comme l'a regretté Élisabeth Lévy, dans un de ses décapants éditoriaux du magazine *Causeur*, que s'est-il passé en si peu de temps « pour que [nous ayons] quitté les sommets des concepts pour nous ébrouer dans le marais des sentiments » ?

Tout cela ne serait rien si les renoncements politiques, les facilités médiatiques et les peurs enseignantes, l'indignation permanente et sélective, la tendance répandue du « tout vaut tout » – qui amène au « rien ne vaut plus rien » – n'avaient abouti, pour une partie de l'opinion (les 25 % des rois du marketing ?), à la création d'un Napoléon « moyen », terrible « dictateur », implacable « esclavagiste », mâle « alpha plus » et impitoyable « faucheur de jeunesse ». Nous l'avons déjà rencontré plus haut et le retrouverons encore dans les pages à venir. Ce Napoléon-là n'est pas celui de l'histoire étudiée tranquillement et sans autre projet que de s'en servir pour comprendre. Je rejoins ici l'historien américain Steven Englund, qui repoussait fermement, dans la stimulante biographie qu'il consacra à l'Empereur, l'« obligation de [le] revoir à la lueur de l'expérience des vivants[5] ».

5. *Napoléon*, Éditions de Fallois, 2003.

7
L'homme

On n'a jamais manqué de s'interroger sur la nature de l'« homme Napoléon ». Souvent en faisant fausse route. À une époque, la nôtre, où l'émotion et l'égoportrait sont rois, où l'on pense que pour faire comprendre le monde et son histoire aux gens, il faut leur parler d'eux, on voudrait nous faire prendre Napoléon pour notre semblable. Puisqu'il fut humain comme nous, nous pourrions l'appréhender mieux en lui appliquant nos sentiments domestiques. Dès lors, me direz-vous, comment pourrait-on accorder la moindre exceptionnalité à cet homme qui n'était pas drôle, qui se mettait en colère, qui chantait faux, qui trompa sa femme et, à ce qu'on dit, faisait mal l'amour, qui ne prenait pas soin de ses affaires, jetait au feu les livres qui l'ennuyaient, coupait son vin d'eau glacée et ne passait pas des heures à table ? C'est vrai, ses comportements privés furent banals, quelle que soit l'époque de sa vie. Comme tous les hommes de tous les temps et comme « nous », il connut les expériences de la vie, ni en mieux ni en pire. Il fut tour à tour en forme ou malade, plein d'entrain ou maussade, intéressé ou indifférent, souriant ou austère. Même dans son jeune temps, à part peut-être son frère Joseph, il n'eut jamais de vrais amis. À partir de l'âge adulte, il n'eut pas d'autre occupation que son métier de soldat ou de gouvernant. Il vécut des séquences admirables comme des moments qui nous paraissent décevants. Ses grands actes et décisions furent parfois suivis d'une réflexion vaniteuse – la modestie n'était pas son fort – ou d'une petitesse désespérément humaine. De lui-même, il avait dit un jour qu'il se savait « petit pour les petites choses et grand pour les grandes ».

Lorsqu'ils rencontrèrent Napoléon, la plupart des contemporains furent pourtant impressionnés non par sa prestance, car son physique et son maintien n'avaient rien d'extraordinaire, mais par ses silences, son regard perçant, son sourire enjôleur et ses fulgurances intellectuelles. Appelons cela le charisme, mais porté ici à son paroxysme. Beaucoup furent séduits par ce quelque chose d'indéfinissable… mais quelques-uns furent déçus. Peut-être s'attendaient-ils, comme Mme de Staël, à nouer quelque intimité ou, comme Chateaubriand, à se voir considérer comme un égal. Si les hommes ne savent pas l'histoire qu'ils font, leur « tout à l'égo » (Régis Debray) les empêche parfois de comprendre à qui ils ont vraiment affaire. Plus près de nous, ceux qui croisèrent le général de Gaulle, jamais amical, ou François Mitterrand, toujours froid, ressentirent probablement ce genre d'impressions réfrigérantes. Peut-être s'attendaient-ils à créer des liens personnels ou à copiner. Or, ce type d'hommes n'a pas le temps, pas l'envie et pas besoin de jouer aux égaux. Leur mission et la haute idée qu'ils en ont priment tout, et c'est bien mieux comme ça. Car la grandeur ne réside pas dans les comportements interpersonnels, sans quoi un Jacques Chirac, ripaillant avec appétit, un Nicolas Sarkozy, tutoyant à qui mieux mieux, un François Hollande, incapable de ne pas dire ce qu'un président ne devrait jamais dire, ou un Emmanuel Macron, poussant loin la cordialité tactile (ce que la pandémie de la Covid-19 a cependant limité), pourraient passer pour les plus grands hommes de notre histoire.

Comme l'a noté Jean-Marie Rouart, portraiturant de Gaulle, il y a de la « folie » chez les grands hommes[1].

---

1. Jean-Marie Rouart, « Portraits acides », *Les Aventuriers du pouvoir, de Morny à Macron*, Robert Laffont, coll. « Bouquins », 2019, p. 600.

Comprendre : un feu consume leur matière humaine et les installe dans une autre dimension. C'est pourquoi la personne « privée » de Napoléon ne compte guère. La loupe que nous plaçons sur elle n'explique pas l'alchimie du passage de l'être de chair à l'homme de l'Histoire. Le Talleyrand de Sacha Guitry s'en étonnait faussement : « Il était à la fois un être fabuleux, qui avait pourtant l'aspect d'un homme. » Peut-être que, mis en sa présence, nous ne l'aurions pas aimé. À cause de ses manières parfois brusques, de sa façon impérieuse de couper la parole et de sa conviction d'avoir toujours raison. Mais peut-être aussi aurions-nous eu l'honnêteté de reconnaître sa supériorité, d'admettre qu'il n'avait pas le temps de s'intéresser aux autres ou, sur un plan plus politique, d'être impressionnés par sa capacité à dépasser les contradictions nées de sa soif de synthèse entre l'ancien et le nouveau. Car si l'on cherchait une vanité qu'il n'eut jamais, ce serait celle d'avoir voulu créer ou incarner un « nouveau monde » et sûrement pas celle de « réenchanter » l'ancien. Il se savait autant héritier de la tradition que tributaire des idées modernes qui l'avaient accompagné dans son ascension. Il voulait les associer, changer leur visage, mais sûrement pas les ignorer et encore moins les annihiler. Il déduisait de sa double formation et sentait par expérience qu'un peuple rechigne toujours à la table rase, qu'on ne viole pas impunément les consensus bâtis sur les siècles et que, tout compte fait, la réalité et la tragédie de l'histoire finissent toujours par rattraper ceux qui pensaient pouvoir y échapper. C'est pourquoi l'œuvre intérieure de Napoléon, hardie par ses méthodes et prudente dans ses choix, a si bien cimenté la France de l'époque contemporaine. « Il ne suffit pas d'être un grand homme, il faut l'être au bon moment », disait Georges Pompidou.

8
Le prince

Napoléon fut un homme d'État doté de ce que nous appellerions une magnifique « mécanique intellectuelle » : tempérament de chef, mémoire phénoménale, vastes connaissances, analyse minutieuse du nécessaire et du réalisable, pensée et expression nettes, bon sens, énergie contagieuse, sûreté dans la prise de décision. Il ne changeait pas d'opinion tous les quatre matins pour plaire à tout le monde (ou ne déplaire à personne) et s'élevait souvent au-dessus « des petites vanités et des petites passions » avec lesquelles, disait-il, « on ne fait jamais rien de grand ». L'historien Jean Lucas-Dubreton a écrit qu'il inaugura au sommet de l'État l'« ère du sérieux », celle du gouvernant qui gouverne vingt-quatre heures par jour et suscite la même abnégation chez ceux qui ont l'honneur de servir l'État. C'est la moindre des choses lorsqu'on prétend diriger une grande nation. Encore faut-il l'avoir compris et s'en faire une ligne de conduite, sans se laisser distraire et encore moins engloutir par les délices annexes du pouvoir ou le fantasme d'une impossible vie personnelle. On n'est pas obligé de vouloir être chef d'État, mais lorsqu'on le devient, on n'appartient plus qu'à sa mission. Nul n'eut jamais besoin de rappeler Napoléon à l'ordre sur ce point. Il travaillait du matin au soir et savait tenir son rang. Sa formation, sa carrière révolutionnaire et l'exercice des premières responsabilités en Italie et en Égypte affirmèrent ses capacités, si bien qu'il se saisit du pouvoir suprême en sachant déjà l'exercer. Il savait où il voulait et où il fallait aller, par conviction intime autant que parce qu'il connaissait le peuple qu'il conduisait. On ne devient pas Napoléon par hasard ou, si l'on préfère, n'est pas Napoléon qui veut.

Il se voulut le promoteur de la « fusion nationale » pour parvenir à la paix intérieure et extérieure. Il disait n'être ni « bonnet rouge » (jacobin) ni « talon rouge » (aristocrate). En ce sens, il fut plus l'homme des synthèses essentielles – ce qui était déjà énorme – qu'un pur novateur. On ne s'étonnera donc pas qu'il apparaisse insaisissable et même paradoxal, tâtant de la légitimation divine tout en se proclamant représentant de la nation ; revendiquant sa filiation révolutionnaire mais cherchant à se voir reconnaître comme un pair par les monarques européens ; parlant de liberté mais bâillonnant les oppositions ; se posant en émancipateur des nations mais négligeant leurs peuples ; prônant l'égalité mais multipliant les corps intermédiaires ; ressuscitant des formules de la royauté traditionnelle tout en conservant le meilleur de la Révolution ; reconnaissant la souveraineté du peuple mais réduisant ses modes d'expression. Au carrefour événementiel où il se trouva placé, il n'avait de toute façon pas d'autre choix que cette ambivalence. Il fut en quelque sorte l'inventeur d'un « en même temps » qui, pour lui, signifiait « tout à la fois », qui ajoutait au lieu de stériliser.

Pour s'imposer et se maintenir, il rechercha l'adhésion des élites et provoqua celle d'une large frange de la population. Il disait que « la nation française est la plus facile à gouverner, quand on ne la prend pas à rebours [...] ; elle distingue à l'instant même ceux qui travaillent pour elle ou contre elle ». Elle lui reconnut de travailler *pour elle* comme en témoignent, entre autres indicateurs, les trois plébiscites du Consulat. Ils sont d'incontestables succès, avec une participation bien supérieure à celle des consultations révolutionnaires. Comparons les chiffres : en 1793, l'approbation de la Constitution montagnarde fut le fait de 27 % des inscrits ; deux ans plus tard, celle du Directoire recueillit un peu plus de 13 % des inscrits ; ils furent 45 % à accepter la Constitution de 1802, celle du Consulat à vie, et environ 40 % à approuver la proclamation de l'Empire. Pour se débarrasser de cette réalité favorable à ce Napoléon qu'il haïssait – sentiment qui n'est jamais bon pour un historien –, Henri Guillemin avait trouvé la parade : le peuple était « imbécile ». Argument ultime qui peut toujours servir et servira encore.

Napoléon déploya des qualités que n'auraient pas reniées ces chefs des « principautés civiles » décrits par Nicolas Machiavel. Le Florentin semblerait presque avoir écrit *Le Prince* pour lui, avec trois siècles d'avance. Napoléon connaissait bien ce traité de pragmatisme et de réalisme politique, bréviaire de l'action et de la *technique* de gouvernement qui met la défense du « bien commun » au-dessus de toutes autres considérations et méthodes. Il le considérait, dit-il un jour à Mgr de Pradt, comme le « seul livre qu'on peut lire ». Il en tira des principes plus machiavéliens que machiavéliques. Dans sa pratique du pouvoir, il montra de la *virtù*, concept qui évoque à la fois les talents, la force de caractère, la chance et l'« adresse heureuse » de l'homme d'État. S'il n'était ni plus ni moins cynique que l'étaient les dirigeants de son temps et de toutes les époques, la vie lui avait appris qu'un prince « qui veut se maintenir [doit] apprendre à ne pas toujours être bon[1] ». Mais comme il se disait « monstre d'habitudes » et n'aimait pas les têtes nouvelles, il ne sanctionna jamais durement ceux qui le desservaient. On se demande encore aujourd'hui pourquoi il conserva de hautes fonctions à un Talleyrand ou un Fouché qui complotaient presque ouvertement contre lui. Une partie de la réponse est donnée par le chancelier autrichien Metternich qui lui consacra un long portrait dans le premier volume de ses Mémoires et estima qu'il « ne se décidait ni par affection ni par haine ».

Résumons brièvement ce que nous venons de dire : ne pas être toujours bon ; ne pas chercher à être aimé de tous ; chercher le « bien commun » sans forcément caresser l'opinion dans le sens du poil ; décider et assumer. N'y aurait-il pas quelque modernité et même quelque permanence dans ce que l'on pourrait considérer comme le véritable art de gouverner ?

Napoléon ne fut pas un tyran sanguinaire. Un autre que lui, doté d'autant de pouvoirs, n'aurait peut-être pas mené sa barque avec si peu de sang versé, hors la guerre bien sûr qui en fait immanquablement couler. On ne peut lui imputer que deux exécutions purement politiques sur son ordre, entendons par là l'élimina-

1. Machiavel, *Le Prince*, chapitre IX.

tion physique d'opposants n'ayant pas utilisé la force contre le pouvoir : celle – voulue et assumée – du duc d'Enghien (qui avoua lors de son interrogatoire avoir l'intention de reprendre les armes contre la République) et celle d'un libraire de Nuremberg, Johann Philipp Palm, diffuseur d'un pamphlet appelant à la révolte allemande contre les Français. La mort du premier fut un gage offert aux républicains en même temps qu'un terrible avertissement donné aux royalistes, à quelques semaines de la proclamation de l'Empire. Celle du second sanctionnait un mouvement entendant détacher la « tierce Allemagne » (Bavière, Wurtemberg, Saxe, Bade…) de son alliance stratégique avec la France, contre les appétits autrichiens et prussiens. Deux exécutions *politiques*, pour des motifs et avec une utilité *politiques*. Encore et toujours Machiavel : « En faisant un petit nombre d'exemples de rigueur, vous serez plus clément que ceux qui, par trop de pitié, laissent s'élever des désordres[2]. »

Hors ces deux cas, celui de la centaine de jacobins envoyés aux colonies après l'attentat de la rue Saint-Nicaise (24 décembre 1800) et celui des comploteurs armés de l'Ouest et de Provence, là où les sans-culottes des années 1789 à 1792 avaient froidement massacré,

2. *Le Prince*, chapitre XVII.

là où les Terroristes avaient utilisé la guillotine à tour de bras, là où les colonnes infernales laissaient derrière elles des cendres et des traînées de sang, Napoléon préféra toujours la mise sous surveillance, l'éloignement à quarante lieues de la capitale ou la détention en prison d'État. Ces dernières accueillirent au maximum 2 500 prisonniers, dont une majorité de « droit commun » qu'on ne voulait pas laisser dans la nature après l'accomplissement de leur peine. On comparera ce chiffre aux 500 000 arrestations et aux 20 000 exécutions des années chaudes de la Révolution. Cette dernière ne peut guère servir de contre-exemple en la matière, comme le résumait le révolutionnaire Mathieu Dumas, devenu conseiller d'État : « Bonaparte n'a pas attenté à la liberté, puisqu'elle n'existait pas. »

Sous le gouvernement consulaire puis impérial, rien ne se résolvait en réalité par la brutalité et les violences physiques, comme c'est le cas dans les régimes totalitaires. Nous en parlerons encore plus loin.

Comme Premier consul, Bonaparte dévia peu d'une voie équilibrée au sein d'une sorte de « dictature de salut public » à la romaine, acceptée par les contemporains à la fois épuisés et excédés par dix ans de luttes politiques dont ils avaient été témoins. On ne redira jamais assez à quel point son génie éclata dans ces années exaltantes de la reconstruction et de la réconciliation qui méritent bien d'être qualifiées de *Grand* Consulat. Pour tenir la barre, il fallait de belles qualités d'homme d'État et un esprit supérieur, en équilibre entre l'action policière et les accommodements nécessaires, tout en réformant au galop. Dans ces premières années de son gouvernement, il sut ajouter à ses qualités personnelles celle de savoir s'entourer et d'écouter les avis de ses collaborateurs les plus qualifiés. Il eut aussi la chance de disposer d'une génération exceptionnelle. Les hommes dont il s'entoura étaient expérimentés, compétents, ouverts et habiles. Premier « chef d'État manager[3] », il anima, impulsa, donna des moyens, rendit possible, trancha et récompensa. Il instaura de multiples conseils – dont celui des ministres, tous les mercredis – pour l'éclairer, recevait chaque semaine les hauts fonctionnaires qui devaient « vider leur portefeuille » devant lui pour lui faire mieux connaître les dossiers, participait le plus souvent possible aux séances du Conseil d'État pour rédiger les lois avec les experts, inspectait les chantiers et se promenait *incognito* dans les rues. Il passait les heures restantes, de jour comme de nuit, dans son

3. Heureuse expression de Jacques Jourquin, « Destinée », *ABCdaire de Napoléon et de l'Empire*, Flammarion, 1998, p. 54.

cabinet de travail, relisant et annotant tout, ne donnant qu'un quart d'heure à chaque repas, ne se déconcentrant même pas lorsqu'il passait la tête dans le salon de Joséphine. « Le travail est mon élément. Je suis né et construit pour le travail », dira-t-il à Emmanuel de Las Cases. Et le conseiller d'État Roederer, qui en avait vu d'autres dans sa longue carrière, de noter dans son journal : « Il arriva sous son gouvernement une chose assez extraordinaire entre les hommes qui travaillaient avec lui : la médiocrité se sentit du talent ; le talent se crut tombé dans la médiocrité, tant il éclairait l'une, tant il étonnait l'autre. »

Puis Bonaparte, moins sensible à la flatterie qu'on ne l'a dit, se convainquit qu'il était le seul capable de diriger l'État et la Cité. Un premier basculement put être constaté vers la fin 1802 et le début 1803. On ne jurera pas, évidemment, qu'il n'ait pas eu avant cette époque des ambitions personnelles – il serait naïf de croire qu'il existe des hommes d'État qui n'en ont pas –, mais les circonstances et de fortes résistances les contenaient. Avec les succès de l'« année sans pareille » que fut 1802 (paix générale, pacification de l'Ouest, amnistie des émigrés, entrée en vigueur du Concordat, etc.), le changement de nature de son pouvoir s'accéléra. Il se débarrassa de certains complices de Brumaire, notamment ces idéologues qui avaient eu la faiblesse de croire qu'il était des leurs. Avec le Consulat à vie puis la reprise de la guerre, la République fut dotée d'un exécutif de plus en plus concentré jusqu'au point où la proclamation d'un empire alla presque de soi. À de rares exceptions près (Cambacérès, Talleyrand, une poignée d'autres), les conseillers furent de plus en plus confinés dans leur sphère technique.

Mais quoi qu'il en soit, ce nouveau monarque continuait à être un modéré dans le contexte national et l'environnement européen. À cette époque, un État de droit aussi poussé n'existait qu'en France. L'Empire était fait et accepté. Son souverain était toujours ambitieux, travailleur, pétri d'idées d'ordre et d'exigences de rigueur. Mais il se libérait aussi de plus en plus des contraintes idéologiques et de ce qu'il appelait les « bavardages » de tribune. Il ne vivait et ne concevait son œuvre que comme un perpétuel et véloce mouvement. Ce fut vrai à l'intérieur où chaque jour connut son bouquet de décisions renforçant l'organisation centralisée de l'Empire. Ce fut vrai à l'extérieur où il imposa l'idée d'un « système » assurant les succès français en Europe.

De 1799 à 1815, son règne ne fut pas un bloc. Lui-même n'échappa ni au temps qui passe, ni aux évolutions personnelles, le conduisant à la croyance aveugle de sa propre infaillibilité. Jusqu'à la paix de Tilsit (juillet 1807), il affermit son pouvoir en continuant à s'appuyer sur une dynamique de succès. Son autoritarisme était encore relatif. Au risque de – brièvement – passer pour un napoléoniste militant, on peut dire qu'alors Napoléon *le Grand* n'avait pas volé un qualificatif octroyé à l'unanimité par le Tribunat et le Corps législatif. Son autorité intérieure faisait merveille. Elle bénéficiait d'une large adhésion. Celle du peuple ne lui fit quasiment jamais défaut jusqu'à la chute. On n'en dira pas autant des notables qui commençaient à trouver le « sauveur » encombrant, car la guerre, même provoquée par les adversaires, n'est jamais bonne pour les affaires. À l'extérieur, sa supériorité militaire lui permettait de triompher des coalitions. Il paraissait pouvoir réaliser le rêve de la prépondérance française en Europe. On touchait à l'apogée d'un empire vainqueur sur tous les fronts. Napoléon était à la croisée des chemins.

C'est alors qu'il fit de mauvais choix, mais nous avons pour en juger le confort de connaître la suite. Après avoir réglé à son avantage les différends nés de la Révolution, il lança l'Empire, toujours stable à l'intérieur, dans une politique d'expansion et c'est à l'extérieur qu'il trébucha. Puisque pour vaincre l'Angleterre il fallait dominer l'Europe sans partage, alors va pour la domination de l'Europe ! Ce faisant, il se liait les mains en s'obligeant à étendre et à verrouiller toujours plus son système. Celui-ci s'enraya, au moment où son inventeur crut pouvoir vivre paisiblement : il jouissait d'une incontestable popularité, son État était en ordre de marche, il était entré « dans la famille des Césars » par son remariage avec l'archiduchesse Marie-Louise (1810) et avait fondé pour de bon la IVe dynastie avec la naissance du roi de Rome (1811). Il pensait sa machine parfaite. Tout au plus les mécanismes et engrenages avaient-ils besoin de temps à autre d'un nettoyage ou d'un tour de vis. Devenu souverain presque bourgeois profitant d'une tranquille puissance et voulant pour la première fois connaître les joies familiales, il s'endormit sur ses lauriers. Il négligea les causes de la crise économique de 1810 pour ne se consacrer qu'à ses effets par des commandes massives de l'État, ne se méfia pas assez de l'agitation en Allemagne, se consola trop facilement des difficultés de ses armées en Espagne et ne vit pas monter l'impatience puis l'hostilité de la Russie. Il voulut son réveil à la hauteur de ce qu'était devenue la superpuissance française. Il entraîna l'Europe occidentale dans ce qu'il disait être la « dernière guerre ». Pour répliquer à la menace venue de l'est, il joua le tout pour le tout… et perdit son pari. Ce furent la catastrophe de Russie, la défaite en Allemagne et la campagne de France. Il avait dit que même si les Russes arrivaient sur les hauteurs de Montmartre, il ne céderait pas. Il tint parole et préféra tout perdre plutôt que de plier. Machiavel avait une fois de plus raison : « Un prince qui s'appuie entièrement sur la fortune tombe à mesure qu'elle varie[4]. »

4. *Le Prince*, chapitre XXV.

9
La gloire

Hippolyte Taine, qui n'appréciait que modérément Napoléon, rabaissa sa carrière au niveau d'une « aventure ». La singularité de son parcours donnerait presque raison à cet historien, depuis le « mystère » d'Ajaccio, qui vit naître dans le même couple de rues tant d'acteurs de l'histoire européenne au tournant de deux siècles, jusqu'à l'épouvantable drame de Waterloo, qui termina l'épopée et fit rentrer la France dans le rang. Une biographie pareille a bien quelque chose de miraculeux et de vertigineux, presque d'inexplicable. Napoléon fut toutefois un *self-made man* d'un type particulier. Son « aventure » ne fut pas qu'individuelle. Elle concerna et entraîna toute une nation assoiffée de gloire.

« Le passé est une terre étrangère : on y fait les choses autrement qu'ici », écrit Leslie Poles Hartley dans son roman *Le Messager* (1953). Explorer l'histoire, c'est comme voyager dans un pays dont on ne peut comprendre qu'avec peine la langue, les codes et les mœurs. L'idée de gloire fait partie des surprises de l'explorateur des XVIIIe et XIXe siècles. Elle ne signifie plus grand-chose aujourd'hui et n'est plus guère prise au sérieux que sous la plume des journalistes sportifs. Tout juste si l'on peut avoir son « heure de gloire », avatar du quart d'heure warholien de célébrité, pas davantage. Elle était pourtant au cœur de la société de l'Ancien Régime, de la Révolution et de l'Empire. C'est on ne peut plus sérieusement que Napoléon écrivait un jour de décembre 1804 au général Lauriston : « Vivre sans gloire, c'est mourir tous les jours. »

Cantonnées jusqu'alors aux élites de la monarchie, l'idée comme la soif de gloire étaient passées, après la déclaration de guerre de 1792, de l'individuel au collectif. Le jour de gloire était arrivé, désormais pour tous. La République en octroyait pêle-mêle ses brevets aux émeutiers et émeutières des journées révolutionnaires, aux soldats de l'an II, aux enfants du peuple tels Bara et Viala (tués à l'ennemi), aux unités militaires, villes et individus ayant « bien mérité de la Patrie », aux grands hommes envoyés reposer au Panthéon. Littérature, œuvres artistiques, journaux, proclamations, discours parlementaires, harangues de village et de club appelaient à l'action pour récolter et déposer la gloire sur les autels de cultes changeants. Les plus instruits de cette génération avaient assidûment lu Platon, Homère, Plutarque ou Cicéron, jusqu'à se penser en successeurs des Anciens. La gloire donnait un rayonnement au présent et une place dans la postérité. L'idée augustinienne que ses bénéfices étaient terrestres (gloire des hommes) puis célestes (gloire de Dieu) était ainsi lavée de ses sources et articles religieux. S'ils avaient connu son opinion, si souvent répétée depuis, les hommes de cette époque n'auraient pas même compris ce que Germaine de Staël entendait par « la gloire est le deuil éclatant du bonheur ». Pour eux, elle était un bonheur, l'objet d'une vie et presque une bonne raison de mourir.

Dans ce domaine comme dans tant d'autres, Napoléon voulut canaliser le « roman de la Révolution », organiser et rationaliser la passion de la gloire, jusqu'à en faire une valeur fondatrice de son empire. Dans le serment constitutionnel, prononcé à la fin de la cérémonie du couronnement, le 2 décembre 1804, il jura en effet de gouverner « dans la seule vue de l'*intérêt*, du *bonheur* et de la *gloire* du peuple français ». La référence à cette trilogie n'était paradoxale qu'en apparence. Elle se concrétisait dans ce que l'historien américain Robert Morissey a appelé une « économie de la gloire[1] ». Alors que la période précédente avait tâtonné et parfois détourné sa quête en fonction des conjonctures et de besoins passagers, qu'elle avait guillotiné, dépanthéonisé, voué « à l'exécration publique » ce qu'elle avait adoré la veille, Napoléon entendit mettre la gloire en système pour qu'elle rejaillisse sur la nation tout entière et sur tous les citoyens.

Ces derniers la tutoyaient – jusqu'à la vivre tous les jours – par les monuments, les tableaux déclinés en gravures, la lecture des bulletins triomphants, la magnificence des cortèges et des parades. Il faudra attendre encore un demi-siècle pour que les « reporteurs de guerre » opèrent librement et que la photographie livre au public des images de soldats en campagne moins fringants que sur les peintures ou de champs de bataille jonchés de vrais cadavres. La guerre et les médias modernes ne se sont rencontrés qu'à la fin des années 1850. Que les contemporains de Napoléon Ier aient cru à la gloire et à la propagande la magnifiant n'est donc pas un signe d'arriération ou, pour paraphraser encore Guillemin, de leur « imbécilité ».

Mais l'économie napoléonienne de la gloire dépassait la propagande. Elle servait aussi à améliorer

1. Voir son ouvrage : *Napoléon et l'héritage de la gloire*, PUF, 2010.

le sort de ceux qui avaient participé à la moisson, par le truchement des pensions, des dotations et des positions protocolaires, avec ceci de neuf qu'elle ne concernait plus seulement le domaine de la guerre, mais l'ensemble de la société. L'attribution de la Légion d'honneur, des titres d'Empire et autres récompenses nationales fut ouverte à des civils, pas toujours tirés du haut du panier. Lorsqu'il accorda le ruban rouge à des peintres, des industriels, des littérateurs, des inventeurs et même un mineur de fond (qui avait sauvé ses camarades après un éboulement), les soldats et les hauts fonctionnaires entonnèrent la rengaine du « on le donne à n'importe qui », qui n'était pas plus juste à l'époque qu'aujourd'hui. Qu'importe, c'est ainsi, selon Stendhal, que « Napoléon a refait le moral du peuple français ». Il l'immergea dans cette ambiance d'émulation collective dont les romantiques entretinrent l'écho, jusqu'à la commuer en nostalgie politique qui fera dire à Lamartine, agacé du tour bourgeois de la monarchie louis-philipparde : « La France est une nation qui s'ennuie. »

Pour comprendre Napoléon et son temps, n'oublions jamais et ne mégotons pas l'idée de la gloire. Elle irrigua cette génération qui la vécut dans sa chair ou par procuration. Le grand (et austère) historien Jean-Paul Bertaud ne plaisantait pas plus que d'habitude lorsqu'il écrivait que le Consulat et l'Empire furent quasiment la dernière époque où les enfants – et leurs parents – « parlèrent de gloire[2] ». Quand bien même n'en sommes-nous que les lointains héritiers, les échos de cette conversation remuent encore certains de nos contemporains autant qu'ils restent inscrits sur nos drapeaux et gravés sur nos marbres ou nos frontons. Pas plus, mais, surtout, pas moins.

---

2. Jean-Paul Bertaud, *Quand les enfants parlaient de gloire*, Aubier, 2006.

10
Tous contre lui ?

Malgré son « économie » élargie aux civils, la gloire napoléonienne doit beaucoup à l'épopée militaire. Napoléon entraîna une génération et demie dans des campagnes et des batailles dont les noms résonnent encore : Austerlitz, Iéna, Friedland, Wagram, La Moskova, mais aussi Leipzig et Waterloo. Militaire de formation, la guerre était son premier métier. Les témoignages abondent sur son courage personnel au cœur de l'action. Son époque comme son tempérament exigeait qu'il prît des risques et montrât l'exemple à ceux qu'il commandait. Méprisant le danger, il ne tolérait pas la peur chez les autres. Il considérait que la plus belle fin – tout à la fois épique, éthique et esthétique – serait pour lui d'être fauché en combattant. « Heureux ceux qui meurent sur le champ de bataille, ils vivent éternellement dans le souvenir de la postérité », écrivit-il à un amiral pendant la campagne d'Égypte, mais il ajouta un autre jour : « Je mourrai dans mon lit, comme un sacré con. » La mort ne voulut pas autrement de lui, en effet, bien qu'il l'eût défiée souvent, et plus encore pendant la campagne de France de 1814 et encore à la fin de la bataille de Waterloo. Même s'il mourut dans un de ses lits de camp, on ne peut toutefois mettre en doute son exemplarité au combat.

On a parfois critiqué la froideur avec laquelle il envoya des hommes à la guerre et à la mort. « Une nuit de Paris réparera tout », lui ont fait dire des malveillants à la vue d'un champ de bataille encombré de cadavres. Sans qu'il ne cède jamais à la sensiblerie, on le vit pourtant mélancolique au soir de quelques grandes hécatombes. On peut le croire ébranlé et sincère lorsqu'il ajouta de sa main au bas du bulletin de la meurtrière bataille d'Eylau : « Un père qui perd ses enfants ne goûte aucun charme de la victoire. Quand le cœur parle, la gloire même n'a plus d'illusions. » Il pleura ses vieux compagnons tués à son service, comme Lannes, Duroc ou Bessières. Il hâta parfois des négociations de paix afin que le sang cesse de couler. On lui doit d'avoir encouragé les chirurgiens militaires, dont le fameux Larrey, dans leurs efforts d'amélioration de la « médecine d'urgence ». C'est de cette époque que date, par exemple, le principe de stabilisation des blessés *avant* leur transport vers un hôpital, qui est encore la doctrine française d'aujourd'hui. Durant toute sa carrière, contrairement à certains de ses ennemis, Napoléon ordonna que l'on traite bien les prisonniers. Ce principe souffrit deux notables exceptions : en Égypte, où il signa l'ordre d'en exécuter un grand nombre sur les plages de Jaffa, parce qu'il ne savait qu'en faire et parce qu'il voulait montrer à ses adversaires qu'il pouvait être aussi cruel qu'eux ; avec les captifs espagnols, employés à des travaux publics pénibles en représailles au sort réservé aux Français dans la Péninsule et sur l'île mouroir de Cabrera. Il n'avait que rarement la main lourde et n'employait ces extrémités que pour montrer qu'il en était capable et ne plus avoir à le faire.

Comme tous les chefs de guerre, Napoléon eut ainsi une attitude ambiguë à l'égard des conséquences humaines de ses décisions. Il serait étonnant… de s'en étonner. La guerre faisait partie de ses moyens d'imposer sa politique et son « système » d'organisation de l'Europe, à une époque où les différends entre États se réglaient souvent par les armes. Bénéficiant d'un outil militaire de premier plan, il en profita à plein et avec dextérité. C'est presque incompréhensible pour nos contemporains rassurés par la paix relative qui règne depuis soixante-quinze ans en Europe occidentale... mais quasiment nulle part ailleurs.

On a dit, et on a fini par croire, que c'est par pure ambition personnelle que Napoléon fit la guerre. C'est oublier qu'en ce temps-là, la paix était un état d'exception et que tous les États se souciaient en priorité de préparer l'inéluctable conflit suivant. C'est oublier encore que l'histoire et la géopolitique le rendaient souvent inévitable. J'ai déjà écrit sur ce sujet des dizaines de pages auxquelles je renvoie les lecteurs intéressés[1]. Je me contenterai ici de répéter que l'Europe ne fut pas simplement divisée en deux camps pendant l'épisode napoléonien, sinon, il n'aurait pas fallu attendre l'automne 1813 pour qu'une coalition générale se forme contre la France. Avant cela, les puissances continentales s'étaient accommodées de la prépondérance française et avaient tenté d'en tirer le plus de bénéfices possible pour leurs propres affaires. Ce fut le grand succès de la diplomatie britannique que d'arriver à réunir toute l'Europe autour de son plus petit dénominateur commun (faire chuter la France et son chef), en jouant sur les rancœurs, les promesses non tenues aux uns et aux autres, l'écono-

1. Par exemple : *Nouvelle histoire du Premier Empire. III. La France et l'Europe de Napoléon*, Fayard, 2010, V^e^ partie.

mie et les finances, bien plus que sur le principe d'une « libération » du Continent.

Il faut ici dire quelques mots du fameux « système continental », conçu par Napoléon, et de son opposé, l'« équilibre européen », mis en avant par la diplomatie britannique. En prolongeant de deux siècles cette opposition, on la retrouve presque intacte dans nos débats contemporains, la (vraie) guerre en moins. Il n'y avait dans cette rivalité ni le bien d'un côté ni le mal de l'autre, mais simplement le choc des intérêts des deux grandes puissances. Elles en étaient venues aux mains bien avant l'avènement de Napoléon. Rappelons qu'en 1800, le conflit franco-anglais durait, plus que par intermittence, depuis un siècle : ligue d'Augsbourg (1688-1697), succession d'Espagne (1701-1713), guerre de Sept Ans (1755-1763), indépendance américaine (1776-1783), Révolution française (depuis 1793). On a parlé d'une « deuxième guerre de Cent Ans » qui s'acheva à Waterloo. Napoléon et la France ne s'en tirèrent pas à leur avantage, puisqu'ils furent vaincus. Cela ne dispense pas de quelques considérations de mise en contexte.

La conception napoléonienne de l'organisation européenne était la continuation de celle des dirigeants français, au bas mot depuis Louis XIV, prenant le relais des ambitions semblables de Charles Quint et des Habsbourg, en Espagne puis en Autriche. Pour simplifier, les Continentaux entendaient organiser l'Europe autour d'une ou deux nations principales et de la verrouiller par un *système* d'alliances. Ce fut encore plus net à la fin du règne de Louis XV, lorsque le roi de France renversa ses alliances pour se rapprocher de l'Autriche, ennemi continental traditionnel, pour faire pièce à l'émergence de l'Angleterre et de la Prusse. À l'inverse, Londres entendait empêcher, voire briser tout « système », afin de commercer librement avec des États de puissance comparable se neutralisant ou, mieux, ne parvenant jamais à se liguer. Elle parait son projet du joli nom de « balance » ou « équilibre » des pouvoirs (*balance of power*), ce qui, admettons-le, était bien choisi : on ne peut pas être fondamentalement contre quelque chose qui s'appelle *équilibre*, aussi bien, comme dit l'adage, qu'on ne peut raisonnablement vouloir la perte des bébés et des chatons[2]. Il n'empêche que c'est pour disloquer le *système* que Marlborough et ses successeurs s'en allèrent en guerre ou, plutôt, convainquirent souvent les autres Européens de la faire

2. Dans la même veine, pendant la seconde moitié du XIXe siècle, les Britanniques appelaient *fair trade* (échanges « justes » ou « équitables ») le protectionnisme économique de leur empire.

pour leur compte contre la puissance prépondérante. Si l'on poussait le raisonnement, on découvrirait dans cet égoïsme sacré une constante de la diplomatie britannique, celle qui justifia au siècle passé que, dans les années 1930, elle ne voulut pas briser immédiatement Hitler pour ne pas renforcer la France – les Premiers ministres Baldwin et Chamberlain portent une lourde responsabilité dans les désastres qui suivirent ; seul Churchill et quelques amis avaient très tôt compris la nature du danger nazi –, que, dans les années 1970, elle entra dans le Marché commun pour mieux s'opposer au *système* franco-allemand ou que, pour achever sa dissolution, elle milita et obtint ensuite – avec les encouragements intéressés des États-Unis – les agrandissements successifs de l'Union européenne qui la disloquèrent sous couvert de l'élargir.

Napoléon fut le dernier à avoir tenté de réaliser par ses seules armes le vieux rêve français de prépondérance en Europe. En son temps, nul ne songea à la lui reprocher : les relations internationales n'étaient pas conçues autrement. Après ses emballements idéologiques initiaux, autour du droit des peuples à disposer d'eux-mêmes, la Révolution n'avait pas agi différemment et avait remis ses pas dans ceux de la monarchie. Il est des tropismes diplomatiques qui résistent aux changements de régime et contrairement à ce qu'estimait Jacques

Bainville, la politique extérieure de Napoléon ne fut pas « insensée », parce qu'elle remontait loin. Il eut les moyens militaires de réaliser la vieille ambition française mais s'en laissa griser. Il n'écouta pas assez Talleyrand qui, après les victoires d'Ulm et d'Austerlitz (1805), lui proposa de tendre à nouveau la main à l'Autriche afin de partager avec elle la direction du système et de se contenter ensuite, en position de force, d'une rivalité exclusivement économique contre les « marchands de Londres ». À ce moment, un accommodement général était possible, ce que montrent les offres de paix qui vinrent d'outre-Manche au début de 1806. Napoléon les traita légèrement et les pourparlers furent rompus, alors qu'on en était à la rédaction d'un accord. Cette chance ne se représenta plus.

L'Empereur aurait pu tout de même l'emporter militairement, s'il avait cherché à constituer une solide ligue continentale. Les autres Européens ne goûtaient pas plus l'hégémonie commerciale de l'Angleterre que lui. Le rencontrant pour la première fois à Tilsit, le tsar Alexandre n'avait-il pas commencé par lui dire : « Je hais les Anglais autant que vous », ce qui était sans doute le cas ? Mais Napoléon se laissa emporter par sa puissance, entendant compléter la domination territoriale – de l'Empire et de ses alliés napoléonides – par une domination économique sans partage, presque la soumission aux intérêts de l'industrie française de l'ensemble du Continent. Progressivement, sa prépondérance, qui était jusqu'alors gênante mais, dans bien des domaines, fructueuse pour qui savait en jouer, devint douloureuse. L'Empereur avait oublié une de ses propres maximes, exprimée pendant la première campagne d'Italie : « Le commerce n'existe que par la confiance. »

Et n'allons pas croire que le Blocus continental décrété contre l'Angleterre était une voie précoce d'intégration européenne, sorte de « marché commun » avant l'heure. Son fonctionnement comme, au fond, son but étaient de toujours favoriser les productions françaises. Il n'était pas question d'ouvrir les frontières, d'abaisser les droits de douane, de favoriser les échanges et encore moins de créer une zone de libre-échange ou d'avoir une monnaie gérée en commun. Ce fut même tout le contraire qui se passa. « La France avant tout », avoua Napoléon dans une lettre à Eugène de Beauharnais de 1810, pour lui refuser l'achat par l'Italie de blé français alors que la disette menaçait des deux côtés des Alpes. Toutes les superpuissances n'ont jamais pensé et agi autrement, comme si les leçons de l'histoire ne servaient à rien. Elles finissent toujours par décevoir puis indisposer leurs alliés, jusqu'à susciter contre elles une coalition générale. La France napoléonienne n'évita pas l'écueil.

Sa prépondérance devint insupportable aux autres acteurs, encouragés par l'Angleterre. Chacun à son tour fut convaincu que ce que nous appellerions aujourd'hui le « multilatéralisme » devenait nécessaire et pensa y parvenir après la victoire de l'« équilibre » à l'anglaise. Le pas fut franchi, non sans qu'Albion déverse des trombes de subsides dans les caisses vides de tous les monarques en réclamant. C'est ainsi que se construisit par étapes l'alliance finale de l'automne 1813 dans laquelle le seul intérêt commun fut d'en finir avec l'Empire et son chef.

J'ouvre ici une parenthèse pour vous confier un demi-secret. J'adore rappeler quelques faits à mes contradicteurs britanniques (et aux autres, mais c'est bien plus drôle avec ceux-ci), lorsqu'ils me chantent leur pays se dressant seul contre le « tyran », fils des jacobins et de la guillotine pour justifier la guerre à outrance. On ne coupait certes pas les têtes au pays de George III mais on pendait tout de même beaucoup. Il y avait en France à cette époque environ 4 000 à 5 000 condamnations pour crimes chaque année dont environ 300 aboutissaient à une condamnation à mort. En Angleterre, deux fois et demie moins peuplée, le chiffre des condamnations criminelles était à peu près le même, mais avec 700 peines capitales. En clair, on condamnait proportionnellement à mort quatre fois plus en Angleterre qu'en France.

Autre mauvaise surprise pour nos amis britanniques, lorsqu'en 1810, des ouvriers français construisant l'Arc de Triomphe se mirent en grève pour obtenir une augmentation, on éloigna les meneurs de Paris et on augmenta les autres ; à peu près à la même époque, 70 briseurs de machines, qui protestaient contre la mécanisation du textile, furent pendus de l'autre côté de la Manche. La cruauté et la dureté ne sont pas toujours là où l'on croit les trouver.

Je referme la parenthèse.

Napoléon fut vaincu à Waterloo, défaite toujours considérée comme « glorieuse » mais qui n'en fut pas moins un désastre militaire aux conséquences politiques et économiques immenses. Avec le second traité de Paris (20 novembre 1815) et les garanties prises par les vainqueurs durant le congrès de Vienne (qui s'était achevé en juin), l'« équilibre européen » fut restauré presque dans sa configuration de 1789, à ceci près que la France était ramenée au niveau d'une puissance moyenne soumise à la surveillance de ses grands vainqueurs, Autriche, Prusse, Russie, Angleterre. Au niveau mondial, le gagnant principal était indubitablement cette dernière. Elle avait obtenu à peu près tout ce qu'elle souhaitait. Le commerce pouvait reprendre sur des routes maritimes contrôlées par elle et un marché européen libéré. Les Français avaient autrefois « fait la guerre pour le roi de Prusse », les Européens l'avaient faite cette fois « pour le roi d'Angleterre », ou plus exactement une oligarchie qui tenait fermement son peuple. Car, bien évidemment, Albion ne s'était mise à la tête d'une « croisade » de libération que pour la galerie. Grande importatrice de matières premières, déjà usine de transformation du monde et exportatrice de produits manufacturés, elle pouvait à nouveau s'approvisionner sans obstacle et inonder les marchés. Que ses élites aient toujours allégué un alibi « moral », libéral et pacifique, n'empêche pas de constater qu'en défendant l'« équilibre européen », elles protégeaient surtout un déséquilibre commercial en leur faveur. En ce sens, leur projet n'était pas moins hégémonique que celui de Napoléon, mais elles usaient de moyens d'une autre nature. Sans autres visées territoriales que l'occupation des carrefours commerciaux (Heligoland, Malte, îles Ioniennes, cap de Bonne-Espérance, Mascareignes...), elles visaient avant tout au contrôle des échanges et à l'élimination d'un concurrent trop puissant. Au large, la fragilisation des colonies françaises et hollandaises des Antilles, de l'océan Indien et du Pacifique était assurée. Que l'on y ajoute une indépendance des places financières et des tarifs douaniers raisonnables, et tout serait à nouveau pour le mieux dans le meilleur des mondes possibles. Bien calée dans son île inexpugnable, l'Angleterre avait su se montrer patiente, endurante et prodigue avec ses alliés. Elle pouvait désormais rentabiliser l'investissement consenti pendant vingt ans et dominer le monde pour un long siècle.

Ce succès eut une conséquence définitive sur la politique extérieure française. Même si les successeurs de Napoléon ne renoncèrent jamais à agir sur le Continent et au-delà des mers, ils durent abandonner toute velléité d'expansion et même d'intervention extérieure d'envergure, faute de moyens, faute de liberté de mouvement, certes, mais aussi pour tenir compte de la nouvelle réalité de la puissance que le XIXe siècle n'allait cesser de conforter : rien ne pouvait plus se faire sans l'accord de Londres.

11
Reductio ad Hitlerum

La réunion s'était bien passée et les producteurs du projet de documentaire international n'avaient plus qu'à se mettre d'accord sur les budgets. Les conseillers historiques s'étaient bien un peu échauffés pendant la discussion, mais le débat avait été fructueux : « Napoléon et l'Allemagne » est un sujet passionnant et aux multiples facettes. Au moment de nous quitter, un collègue allemand s'approcha de moi et, à mi-voix, me glissa : « Au fond, Napoléon, c'est un peu votre Hitler ! » Celle-là, je l'ai déjà entendue cent fois et même de la bouche d'interlocuteurs réputés pour raisonner avec intelligence. C'est le fameux *Reductio ad Hitlerum*, expression utilisée pour la première fois dans les années 1950 par le philosophe Léo Strauss[1],

1. Pour disqualifier un personnage, on l'assimile à Hitler.

marié à la loi de Godwin[2], degré zéro de la chronique et du débat historiques. J'ai failli demander au provocateur teuton s'il tentait de critiquer Napoléon ou de réhabiliter Hitler, avant d'opter pour un demi-sourire. J'avais un train à prendre.

Les ressemblances alléguées, les coïncidences de destin et les rapprochements scabreux entre les deux personnages sont le point de départ de la polémique. Florilège des affirmations risibles (mais jamais drôles) que l'on peut entendre : les deux hommes sont « sortis de rien » ; le régime impérial est le père du totalitarisme et sa police l'ancêtre de la Gestapo ; ses conquêtes préfigurent celles du IIIe Reich ; certes, Napoléon a intégré les Juifs français mais il a lui aussi son « génocide », celui des Noirs ; et puis, il a aussi envahi la Russie et a connu le même sort que le (petit ?) caporal autrichien, etc. Si l'on pouvait en plus prouver que les deux hommes avaient la même pointure de souliers ou la même taille de pantalon, le tour serait joué. On aura compris qu'entrer dans chaque détail de cette courte-

2. Plus une discussion se durcit, plus la probabilité de voir apparaître une comparaison avec Hitler et les méthodes nazies est grande. Mike Godwin est un professeur de droit et écrivain américain.

linesque juxtaposition serait prendre sa table au café du Commerce pour participer à une inepte controverse[3].

Rien ne relie les deux hommes et leur temps de gouvernement, ni les circonstances de leur arrivée au pouvoir, ni leurs doctrines (délires nazis contre philosophie des Lumières), ni les causes profondes de leurs conquêtes (projet racial contre héritages géopolitiques). On cherchera en vain des visées génocidaires chez Napoléon ou la volonté d'affirmer les nations chez Hitler. Ce dernier admirait surtout Frédéric le Grand : « En dépit de tout le génie de Napoléon, c'est Frédéric le Grand qui fut l'homme le plus éminent du XIXe siècle », déclara-t-il un jour, sans se souvenir que son héros avait évolué au XVIIIe. À partir de l'invasion de l'Union soviétique, il jugea même toute allusion à l'empereur des Français déplacée (on comprend pourquoi). Il rejetait en outre toute référence aux idées « décadentes » de la Révolution et de l'Empire, et voyait dans la nation française le principal ennemi de la nation allemande. Il le rappela à longueur de pages dans *Mein Kampf*, faisant de la guerre de 1806 la

3. On entend parfois encore plus absurde : *Napoléon égale Hitler*. Le slogan n'a aucun sens. Ou plutôt, il est dans le mauvais sens. Je sais que l'on dit parfois que tout est dans tout (et réciproquement), mais l'axe des temps est ici une limite insurmontable.

matrice de leur rivalité, continuée en 1870, en 1914 et, dans quelques années, pour une explication finale. En visitant les Invalides, ne rendait-il pas la monnaie de sa pièce à Napoléon qui avait médité sur le tombeau du grand Frédéric à Potsdam, le 27 octobre 1806, après une victoire aussi totale contre la Prusse que fut celle de l'Allemagne en mai-juin 1940 ? « Que [les Français] aient remporté des victoires de portée universelle sous la conduite de ce génie militaire unique au monde que fut le Corse Napoléon, cela ne change rien : la masse du peuple français a des tendances à l'esprit petit-bourgeois », fut le verdict d'Hitler, prononcé devant l'architecte Hermann Giesler, en 1942[4].

La comparaison des biographies et de la psychologie des deux hommes n'est pas plus féconde. Leur éducation, leur formation et leur conception de l'exercice du pouvoir divergent fondamentalement. L'un (Hitler) était un dilettante peu instruit qui finit par se soutenir grâce aux piqûres du docteur Morell (un cocktail d'une dizaine de drogues et médicaments), l'autre un travailleur minutieux et infatigable à la culture presque encyclopédique dont le seul stimulant

4. Les *Propos intimes et politiques* d'Hitler, réédités en 2016 par Nouveau Monde Éditions, contiennent de nombreux passages concernant Napoléon.

était l'activité. Seuls points communs, ils dirigèrent chacun un empire, conquirent de nombreux territoires et finirent dans la défaite, augurée en Russie. Là s'arrête le rapprochement qui pourrait aussi bien concerner une demi-douzaine d'autres personnages historiques et rendrait sans doute plus pertinente une comparaison – pas moins inutile – entre Napoléon et César ou Alexandre le Grand… laissant Gengis Khan ou Attila à Hitler.

Napoléon n'a finalement détruit ni la France (en dépit de la catastrophe militaire et financière des Cent-Jours), ni l'Europe (qui conserva une partie du modèle politico-social qu'il avait répandu). Son héritage a été loué, récupéré et développé par la suite, y compris dans les pays qui avaient été ses ennemis. Son œuvre est restée vivante malgré sa chute, son exil et sa mort. On peut soupeser son action, débattre de ses motivations, contester même sa légende dorée, mais les Européens d'aujourd'hui ne le rejettent pas avec le dégoût et la colère qui marquent le souvenir du criminel nazi. C'est ce qu'estime d'ailleurs un des biographes de référence du Führer, Ian Kershaw : « Les Français d'aujourd'hui peuvent être fiers et admiratifs [de Napoléon], et c'est souvent le cas. L'héritage d'Hitler est d'un ordre différent. [Il] a laissé derrière lui un immense traumatisme moral, au point que des décennies après sa mort, il est impossible [...] de porter sur le dictateur allemand et son régime un regard d'approbation et d'admiration[5]. » Et pour la bonne bouche, je citerai aussi Staline, assez piètre témoin de moralité j'en conviens, qui, en pleine Grande Guerre patriotique, déclara : « Hitler ne ressemble pas plus à Napoléon qu'un petit chat ressemble à un lion. Car Napoléon combattit les forces de réaction en s'appuyant sur les forces de progrès, tandis qu'Hitler, bien au contraire, s'appuie sur les forces de réaction pour combattre les forces de progrès[6]. »

Je devrais apprendre ces deux citations par cœur pour les citer la prochaine fois qu'un collègue allemand viendra me chatouiller. Et y ajouter une opinion de Churchill, qui vouait à l'ancien ennemi de son pays une très sincère admiration.

---

5. Ian Kershaw, *Hitler. 1936-1945 : Némésis*, Penguin Books, 2000, p. 9-10.

6. Joseph Staline, « Rapport présenté à la séance solennelle des députés des travailleurs de Moscou », 6 novembre 1941, in *Œuvres. 1941-1949*, Paris, Nouveau bureau d'édition, 1975, t. XVI, p. 16.

12
Esclavage

Le 5 mai 2020, dans son éphéméride diffusée sur France Info, Catherine Pottier rappela que Napoléon avait été le « plus grand confiné de notre histoire ». Le 199e anniversaire de sa mort tombait en pleine première vague de la Covid-19 et la comparaison était convenable pour lancer la chronique. En deux minutes et quelques, la journaliste dressa ensuite un bilan presque exact de l'exil hélénien, loua les réalisations du grand homme qu'elle qualifia même de « précurseur de la construction européenne ». Une bonne surprise sur les ondes publiques. En dehors de bénignes erreurs factuelles, rien à redire, jusqu'à ce que tombe la conclusion, en une phrase sèche, détachée du contenu de la chronique et que rien ne laissait prévoir : « Napoléon reste celui qui a rétabli l'esclavage. » *Jingle*.

Après tant d'autres, la chroniqueuse appliquait le plus naturellement du monde la jurisprudence Chirac : lorsqu'on dit du bien de Napoléon, il faut vite contrebalancer. Pour cela, dans le panier des questions qui fâchent, le rétablissement de l'esclavage est toujours sur le dessus. Sans avoir à se baisser, on est sûr de se dédouaner d'avoir cinq secondes plus tôt concédé que Napoléon avait une œuvre globalement positive à son actif. On soulage sa conscience et on donne des gages en faisant allusion à cet élément toujours prêt à l'emploi par la « pensée » antinapoléonienne ou napoléonophobe. Il est passé en quelques années de l'histoire – où il a toute sa place – à la « crainte de blesser », aux rancunes à cheval sur les siècles et, enfin, aux revendications « racialistes ».

Qu'on ne me fasse pas dire ce que je ne dis pas : il est absolument exact que Bonaparte, alors Premier consul, a *rétabli* l'esclavage. L'affaire s'est faite en deux temps.

Par la loi du 30 floréal an X (20 mai 1802), il l'a d'abord *maintenu* dans les colonies où il n'avait pas été aboli par la loi du 16 pluviôse an II (4 février 1794), c'est-à-dire dans les îles qui étaient à ce moment-là occupées par les Anglais (la Martinique et ses dépendances) et dans les possessions françaises de l'océan Indien où elle n'avait tout simplement jamais été appliquée[1]. Les napoléoniens militants pensent souvent atténuer la responsabilité de leur « héros » en insistant sur le terme *maintenu*, qui donne un caractère limité à la décision et rejette la responsabilité sur les régimes précédents, incapables de faire appliquer la loi. Ils se trompent car, dans un second temps, Bonaparte donna aux capitaines-généraux envoyés reprendre en main les autres colonies, comme Saint-Domingue, la Guadeloupe et la Guyane, l'autorisation, écrite et secrète, de *rétablir* l'esclavage partout, lorsqu'ils le jugeraient opportun. Ils le firent et leurs décisions furent légalisées *a posteriori* par plusieurs arrêtés consulaires. Ces faits sont incontestables et parfaitement documentés. Il n'y a pas à les discuter.

Pour être complet, ajoutons que la loi de mai 1802 fut accompagnée de la remise en vigueur de la législation de l'Ancien Régime, dont le fameux édit royal de 1685 « touchant à la police des îles de l'Amérique française », appelé plus tard le « Code noir ». Ce texte fixait les statuts des propriétaires et des esclaves, étant entendu que ces derniers n'avaient quasiment que des obligations, même s'ils bénéficiaient désormais d'une

1. On fera remarquer que si l'Europe occidentale n'a pas créé ni n'a eu le monopole de l'esclavage, elle en a en revanche inventé l'abolition.

existence légale et de quelques droits[2]. Cette législation resta en vigueur jusqu'à la chute de l'Empire, tout en n'étant pas appliquée, et pour cause : la France perdit toutes ses colonies entre 1803 et 1810. Elles furent conquises par les Anglais sans d'ailleurs qu'ils en profitent pour abolir l'esclavage. Pour la même raison, la traite française disparut presque entièrement. J'ai consacré à cette question un chapitre sévère pour Bonaparte et son gouvernement dans mon ouvrage *Le Grand Consulat* (1999) manifestant à cette occasion mon trouble et – si cela pouvait servir à quelque chose – ma « réprobation ». Comment, en effet, un homme qui avait jusqu'alors libéré les esclaves à Malte

2. Ce texte de 60 articles, si justement condamné aujourd'hui, avait déjà été controversé en son temps… en raison de la restriction, certes toute relative, des droits des « propriétaires » d'esclaves. Il faisait certes de ces derniers des « biens meubles » (ce qui n'était pas nier leur humanité mais les rendre susceptibles de transactions commerciales), tout en obligeant leurs maîtres à les nourrir, à les vêtir et à les instruire dans la religion catholique. Ils restaient passibles sans restriction du fouet mais il était interdit de leur infliger des « traitements barbares et inhumains ». L'édit prévoyait encore quelques droits à l'émancipation, prohibait le droit de cuissage et obligeait le maître à épouser une esclave enceinte de ses œuvres. Ce code fut préparé sous l'impulsion de Colbert mais fut achevé, trois ans après sa mort, par son fils Jean-Baptiste Colbert de Seignelay et signé par Louis XIV.

et en Égypte, qui, une fois au pouvoir, avait obstinément refusé d'abroger la loi de 1794, en était-il arrivé à se renier à ce point ?

La réponse est à la fois simple et compliquée. Simple parce qu'un homme d'État n'est pas un saint qui reste stoïquement sourd aux impératifs et à l'atmosphère de son temps. Et Bonaparte était ce genre d'homme d'État. Plus compliqué est de faire comprendre que la décision de 1802 se fonde essentiellement sur l'économie et la géopolitique, et absolument pas sur le « racisme ». Qui plus est, elle fut justifiée aux yeux des contemporains par une chaîne d'événements survenus aux colonies.

À son avènement, Bonaparte n'avait nulle intention de revenir sur l'abolition. Il l'avait notamment exprimé dans une proclamation du 25 décembre 1799 aux habitants de Saint-Domingue : « Les consuls de la République [...] vous déclarent que les principes sacrés de la liberté et l'égalité des Noirs n'éprouveront jamais parmi vous d'atteinte ni de modification. » Sans aller toutefois jusqu'à imposer la législation révolutionnaire dans l'océan Indien, il répéta cette profession de foi à plusieurs reprises, malgré une intense pression – le mot « lobbying » n'existait pas encore – des hommes d'affaires de son entourage. Ceux-ci désiraient reprendre le commerce colonial, qui représentait sous l'Ancien Régime, selon les sources, d'un cinquième à un dixième du revenu national. Bonaparte changea d'avis à la suite des troubles qui éclatèrent dans les colonies antillaises, singulièrement la sécession puis la proclamation d'indépendance de Saint-Domingue par le général « libre de couleur » Jean-Dominique Toussaint-Louverture qui s'était pourtant engagé à maintenir l'île dans le giron de la République. Puisqu'on allait reprendre de vive force les îles à sucre, autant y rétablir les conditions de leur future renaissance économique. Ce serait l'occasion, avec l'appui de l'allié espagnol, de boucler le golfe du Mexique et d'en faire un « lac français ». Les aspects humains de la décision pesèrent peu face à ces enjeux. Il faut dire aussi que la question de l'esclavage ne remuait guère les foules et l'opinion métropolitaines[3]. Mais, peu importe, Napoléon fit preuve ici d'une indifférence qui dépasse l'entendement *d'aujourd'hui* mais que l'historien se doit de contextualiser.

Reste à évoquer la polémique sur le prétendu projet caché du Premier consul : le « génocide des Noirs ».

---

3. Selon une statistique du temps, il y avait en métropole environ 2 000 hommes de couleur, dont la moitié dans la région de Bordeaux. Ils étaient libres, l'esclavage n'ayant pas cours en métropole. Contrairement par exemple à Washington et Jefferson, Napoléon ne « posséda » jamais d'esclaves et n'avait qu'une connaissance théorique et lointaine de la question.

Cette thèse a été soutenue dans un ouvrage de Claude Ribbe, *Le Crime de Napoléon*, publié pour la première fois en 2005 et qualifié en son temps par Pierre Nora de « pamphlet sans queue ni tête[4] ». L'accusation n'a jamais été prise au sérieux par les spécialistes de l'histoire coloniale ou de l'esclavage qui disposent de toute façon d'un dossier « à charge » suffisant, ne nécessitant pas d'être alourdi par une affirmation aussi grotesque. S'appuyant sur des épisodes peu ragoûtants de la reprise en main des colonies et jouant beaucoup sur l'hypersensibilité actuelle à ces sujets, Ribbe soutient que Napoléon avait programmé l'élimination systématique des hommes de couleur. Il parle d'un million de victimes noires dues au « premier dictateur raciste »... alors qu'il n'y avait « que » 800 000 esclaves dans les Antilles françaises à l'époque (600 000 à Saint-Domingue, 85 000 à la Martinique et 90 000 à la Guadeloupe). Les historiens les plus sérieux estiment que des guerres coloniales aux Antilles, entre 1802 et 1804, ont fait 100 000 morts, dont environ 70 % de Noirs. Le bilan est suffisamment terrible pour qu'il ne soit pas utile de le gonfler aussi grossièrement.

Mais Ribbe va encore plus loin. Il offre à ses lecteurs un parallèle avec la Shoah (nous y voilà, allais-je

4. *Le Monde*, 13 décembre 2005.

écrire). L'occasion lui en est offerte par l'implacable répression à la Guadeloupe, conduite par le général Richepanse, et par les massacres ordonnés à Saint-Domingue par le général Rochambeau, dont – voici *le* fait – la mise à mort par asphyxie de certains d'entre eux dans les soutes d'un navire. Partant, Napoléon (qui était alors à des milliers de kilomètres de là) serait l'inventeur des chambres à gaz, billevesée qui relève de la concurrence victimaire visant à placer scandaleusement sur le même pied l'Holocauste et les répressions coloniales. Pour un ouvrage que nous avons consacré à la question de l'esclavage sous le Consulat et l'Empire, Pierre Branda et moi avons recherché la preuve de ce « gazage » collectif que Ribbe dit massif et réitéré. Absent des archives ou des témoignages contemporains, il figure toutefois dans des textes haïtiens postérieurs et a été repris dans la biographie que Victor Schœlcher a consacrée à Toussaint-Louverture. Nous ne disons pas que ces faits n'ont pas existé mais nous affirmons que, s'ils ont existé, ils ne faisaient pas partie d'un plan général d'extermination[5]. Cela n'empêchera probablement pas les tenants du postcolonialisme de

---

5. Voir la mise au point sur l'ensemble de ces sujets que Pierre Branda et moi avons publiée : *Napoléon, l'esclavage et les colonies*, Fayard, 2006.

continuer à nous dire que même si Ribbe a bâti sa thèse sur du sable, il doit tout de même y avoir du vrai dans ses divagations.

Pour soutenir ce mensonge, cet auteur et bien d'autres oublieront au passage que de nombreux Noirs et métis combattaient avec les troupes métropolitaines. De même, on passera sous silence qu'aux Antilles le seul massacre général d'êtres humains en raison de leur couleur de peau fut celui ordonné par le premier chef d'État haïtien, Jean-Jacques Dessalines. Il fit liquider les Blancs, hommes, femmes et enfants, pour, disait-il, créer un « océan de sang » entre son île et l'ancien colonisateur. L'opération eut lieu de février à avril 1804 et seuls les médecins furent épargnés. En mai suivant, Dessalines se proclama empereur de Haïti, sous le nom de Jacques Ier.

Si Bonaparte dicta des consignes de grande fermeté dans ses instructions et sa correspondance, s'il ne craignait pas d'avoir à assumer le coût humain de la reconquête, il ne donna pas d'ordres de massacre. Lorsqu'il les connut, et sans doute pas jusqu'aux moindres détails, ce fut des mois après les faits (il en fallait quatre ou cinq pour un aller-retour entre les Antilles et la métropole). Il ne désavoua pas publiquement ses subordonnés, ce qui est déjà beaucoup trop. Pour le reste, on peut tranquillement affirmer qu'il n'organisa pas, pas plus qu'il ne souhaita, quelque génocide que ce soit. Il n'était pas plus « raciste » – le mot n'existait pas – que ses contemporains, pour qui la question de l'esclavage n'était pas prioritaire, hélas.

Il n'empêche que le rétablissement de l'esclavage et les tueries qui suivirent, même s'ils n'émurent pas les Continentaux, restent une tache sur la postérité du régime napoléonien. Ses historiens ne l'ont jamais esquivée et ont encore moins tenté d'« effacer » ces faits et leurs conséquences de leur champ d'étude. Ils leur ont simplement donné la place qui était la leur, en tenant compte du contexte et des sensibilités du début du XIXe siècle. Leurs collègues haïtiens et des Antilles françaises ou les spécialistes du passé colonial ont mille fois raison de vouloir mieux éclairer ces angles pas tout à fait morts, de vouloir leur consacrer une meilleure place et de croiser raisonnablement leur histoire et leur mémoire. Que leurs travaux servent à réduire l'œuvre napoléonienne à ces questions et nourrissent d'autres fantasmes est une autre affaire, celle de militants qui se moquent bien des réalités et des faits historiques.

Lorsqu'il était trop tard, à Sainte-Hélène, Napoléon revint sur ces événements dont, pour résumer, il n'était pas fier. Il regretta d'avoir cédé aux « criailleries des colons » et à l'« opinion du Conseil d'État et des ministres », estimant que l'affaire de Saint-Domingue était « une de ses plus grandes folies » et qu'il avait agi « contre [son] propre jugement ». Plus généralement, il regretta d'avoir retiré leur liberté aux Noirs des colonies et prédit que, selon lui, le vieux système colonial n'en avait plus pour longtemps. Il se trompait. Après lui, la domination des Européens sur d'autres peuples ne fit que se développer, en changeant de nature. La colonisation du XVIIIe siècle était celle de l'exploitation et du développement de quelques ressources naturelles, particulièrement la canne à sucre dont l'importance économique était comparable à celle du pétrole au XXe siècle. Celle qui prit le relais après 1830 fut plus « globale », de peuplement et, disait Jules Ferry, de civilisation. Quant à l'esclavage et la traite – que Napoléon avait abolie pendant les Cent-Jours, par un décret du 29 mars 1815 –, ils furent encore pratiqués pendant plusieurs décennies par les Européens. À l'appel du congrès de Vienne, la France ne renonça définitivement à la seconde (rétablie après Waterloo) que vers la fin de la Restauration. Il fallut encore trois rois (Louis XVIII, Charles X et Louis-Philippe) et une République pour que l'esclavage soit aboli, en 1848. Les abolitions européennes ne mirent pas fin à l'esclavage aux États-Unis ou en Turquie, mais aussi dans les pays africains et moyen-orientaux[6]. Certains observateurs estiment d'ailleurs que cette pratique se poursuit encore de nos jours dans certaines de ces contrées, ce qui ne provoque guère de réaction de la part de ceux dont la spécialité est de vilipender l'histoire des Occidentaux.

Un empereur (Napoléon III) et trois autres Républiques plus tard cessa pour de bon la colonisation française. Nous étions alors au début des années 1960. Napoléon était mort depuis cent quarante ans. Même pour les sujets qui désolent et doivent faire réfléchir, un peu de perspective est le minimum requis pour faire preuve d'objectivité.

Pour l'ensemble de ces questions, comme le fait remarquer l'ancien ambassadeur Jean Mendelson, il serait aussi « incongru [...] et grotesque » de réduire Napoléon au seul rétablissement de l'esclavage que de limiter Louis XIV au Code noir ou à la révocation de l'édit de Nantes, Mitterrand aux exécutions capitales en Algérie et de Gaulle à l'abandon des Harkis. Et

6. Quelques dates. L'abolition ne fut proclamée qu'en 1865 aux États-Unis, 1876 en Turquie, 1922 au Maroc, 1929 en Iran, 1949 au Koweït, 1952 au Qatar, 1968 en Arabie Saoudite, 1980 en Mauritanie, etc.

cet homme qui s'est toujours revendiqué de gauche de conclure : « On devrait pouvoir trouver la voie d'un enseignement moins conflictuel, plus serein, de l'histoire[7]. » Comme il a raison !

7. *Sainte-Hélène, 2015*, Portaparole, 2018, p. 93.

13
Combien de millions ?

Dans la liste des « convictions » sur Napoléon que personne ou presque ne prend la peine de vérifier, il en est une qui arrive immanquablement à faire surface : les guerres napoléoniennes auraient fait des « millions de morts ». On ne dit jamais combien de millions, et encore moins d'où vient l'estimation. On affirme, on répète et cela devrait suffire, comme dans le *Meilleur des mondes*, où Aldous Huxley estimait que « soixante-deux mille quatre cents répétitions font une vérité ». On ne doit pas être loin du compte.

Avant d'en venir aux chiffres eux-mêmes, quelques évidences doivent être rappelées. La première est que, jusqu'à une époque récente que l'on peut fixer à la fin de la Seconde Guerre mondiale, une voie fréquente du règlement des différends en Europe était le conflit armé. On peut le regretter (ce qui, en histoire, ne sert à rien) ou s'en offusquer (même remarque), mais c'est ainsi. La seconde est qu'attribuer le qualificatif de *napoléoniennes* aux guerres de 1800 à 1815, pour être commode et habituel, n'en est pas moins trompeur : le chef d'État français continua pour l'essentiel les guerres de l'Ancien Régime et de la Révolution. Il ne fut donc pas responsable de toutes celles qui survinrent sous son gouvernement. À y regarder de près, seule celle d'Espagne de 1808-1813 peut lui être imputée sans réserve. Les autres furent la conséquence des rivalités nées tout au long des décennies précédentes (pour ne pas dire les siècles), exacerbées par la Révolution. Les prétextes et les inimitiés personnelles entre souverains ne doivent pas le masquer. Le désir de revanche des vaincus et leur rejet de la prépondérance française les incitaient sans cesse à recommencer la lutte. Enfin, dernier élément qu'il faut garder à l'esprit, les guerres font toujours des morts. Souvent même beaucoup. On estime que celles de Trente Ans (1618-1648) et de Sept Ans (1756-1753) auraient respectivement coûté la vie à 10 et 1,5 millions d'Européens. La guerre de Sécession, qui dura quatre ans, fera 620 000 morts, celle de 14-18 environ 19 millions et celle de 39-45 plus de 50 millions.

Les guerres de la Révolution et de l'Empire ont duré vingt-trois ans, avec une seule période de paix générale, entre mars 1802 et mai 1803, consécutive au traité franco-anglais d'Amiens[1]. Leur coût humain est quasi impossible à établir avec précision. On ne tenait pas alors de statistiques sûres, par exemple en consolidant les états des corps de troupes et les données de l'état civil. Pour avoir un chiffre précis, il faudrait aujourd'hui passer en revue entre 2 et 3 millions de fiches signalétiques, sans être sûr qu'elles aient été toutes correctement renseignées. Nul n'a jamais entrepris ce travail autrement que par sondage. Qui plus est, si l'on arrive péniblement – et avec une marge d'erreur importante – à quantifier les pertes des batailles, on sait peu de choses sur les blessés qui succombèrent dans les jours, les semaines et les mois suivants, sur les soldats qui moururent de maladies, d'accidents ou d'épidémies (celle de typhus des années 1812-1814 fut particuliè-

1. Au moment de la signature de ce traité, la France était encore formellement en guerre avec le Wurtemberg et l'Empire ottoman, mais sans qu'aucun front ne soit ouvert. La paix fut signée avec le premier le 20 mai 1802 et avec le second le 25 juin. Notons qu'à son avènement, Bonaparte fut véritablement un « homme de paix », qui mit fin aux conflits avec l'Autriche (9 février 1801), Naples (28 mars 1801), le Portugal (29 septembre 1801), la Bavière (24 août 1801) et la Russie (10 octobre 1801).

rement meurtrière) et sur ceux qui désertèrent sans jamais reparaître dans leurs unités[2]. Quant aux pertes civiles, le sujet n'a pratiquement pas été étudié et on « patauge » dans l'établissement d'un bilan. Ce n'est évidemment pas une raison pour dire n'importe quoi.

Concernant les pertes militaires françaises, les moins mal connues, chaque historien a eu longtemps son chiffre. Par antinapoléonisme, on parlait sous la Restauration de plus de 5 millions de morts, avant que quelques estimations moins tendancieuses n'abaissent le chiffre à 1,7 million. Certaines montèrent plus tard jusqu'à 2 millions, ce qui aurait signifié la mort de la quasi-totalité des mobilisés (2,2 millions).

Il a fallu attendre les années 1970 pour y voir plus clair et disposer de chiffres moins sujets à caution. Ils sont essentiellement issus des travaux du démographe-historien Jacques Houdaille. À partir de sondages scientifiques de grande ampleur dans l'océan des états signalétiques, celui-ci estime qu'il y eut environ 450 000 tués au combat et à peu près autant de morts des suites de leurs blessures ou de maladies, auxquels il faudrait ajouter quelques dizaines de milliers de « disparus ». On peut admettre que les chiffres réels des

2. On estime leur nombre à plusieurs dizaines de milliers (de 30 à 50 000) pour la seule campagne de Russie de 1812.

pertes se situent dans une fourchette de 900 000 à 1 million de morts… mais peut-être moins.

Concernant la France, les guerres napoléoniennes n'ont donc pas fait *des* mais *un* million de morts, moins que la Première Guerre mondiale (1,4 million), pour une durée quatre fois plus longue. Quant aux alliés et aux ennemis de la France, ils subirent, dit-on souvent, mais sans savoir le prouver, des pertes « légèrement supérieures » à celles de la Grande Armée. Si on adopte ce principe, les guerres de l'Empire auraient donc coûté à l'Europe de 2 à 2,5 millions d'hommes en dix ans. Si ce nombre de morts est conséquent, il reste encore inférieur à ceux de beaucoup de guerres précédentes et suivantes. Dans une métaphore sportive, Arthur Chevallier a pu en conclure que « si la barbarie était indexée sur le ratio entre engagements et pertes, Napoléon dévisserait vite du podium sur lequel on le place[3] ».

Qui plus est, l'Europe ne fut pas exsangue à l'issue de la période, ni économiquement, ni démographiquement. Il n'y eut pas de destructions systématiques de villes et de villages, et encore moins des moyens de production, sauf dans la péninsule Ibérique où la responsabilité se partage largement entre les troupes

3. *Napoléon sans Bonaparte*, Cerf, 2018, p. 55.

françaises et anglaises. Concernant la démographie, les spécialistes ont montré que la France comptait près de 1,5 million d'habitants de plus en 1815 qu'en 1790. Pour l'ensemble de l'Europe, la croissance de la population fut supérieure pour la période 1790-1816 à ce qu'elle avait été de 1740 à la Révolution. Ces résultats sont bien sûr dus aux progrès de la médecine et à la baisse de la mortalité infantile, mais le constat général en étonnera sans doute plus d'un.

Terminons ces quelques réflexions sur la réfutation d'une autre tarte à la crème, celle-ci venue (comme souvent) des États-Unis : les guerres « napoléoniennes » auraient été la première « guerre totale ».

Partant du constat que la nature des conflits fut modifiée par l'entrée en lice des « peuples » et, en tout cas, par l'augmentation des effectifs grâce à la conscription, une partie de l'historiographie américaine en a conclu que Napoléon avait inventé un nouveau type de guerre, ce qu'on a appelé bien après la guerre *totale*. Cette contestable trouvaille a un enjeu caché. Si l'idée de guerre totale a en effet été formulée pour la première fois par Léon Daudet, en 1918, pour stigmatiser le militarisme allemand, elle a connu sa pleine application vingt ans plus tard avec la Russie stalinienne et l'Allemagne nazie. Cette dernière l'a hautement (et bruyamment) revendiquée, notamment par le fameux discours de Goebbels au Palais des sports de Berlin, le 18 février 1943. On aura compris que, sciemment ou non, l'école américaine – qui a malheureusement séduit quelques historiens français – tend à présenter Napoléon comme le précurseur des malheurs du XXe siècle et la France napoléonienne comme un État totalitaire, dans la droite ligne des amalgames anachroniques voulant faire de l'Empereur une sorte de Führer avant l'heure. On peut incidemment se demander par quel miracle les guerres auraient été « totales » sous son règne puis ne l'auraient plus été pendant un siècle avant de le redevenir en 1914-1918.

Dans la définition habituelle, déduite de Daudet (1918) et surtout du général Ludendorff, qui la théorisa en 1936[4], la guerre totale est d'abord celle de tout un peuple prêt à se sacrifier, sous les armes ou à l'arrière. Cet état d'esprit est suscité et maintenu par des forces coercitives impitoyables et une propagande massive. Ajoutons-y la militarisation de la société et la soumission de toutes ses activités aux nécessités d'une guerre qui a dès lors pour objectif de détruire

4. Léon Daudet, *La Guerre totale*, Nouvelle Librairie nationale, 1918 ; Erich Ludendorff, *La Guerre totale*, Flammarion, 1936.

l'adversaire par tous les moyens et, en conséquence, autorise tous les excès.

Cette conception ne peut s'appliquer aux conflits de la Révolution et de l'Empire, ni du côté de Napoléon, ni de celui de ses adversaires. Les effectifs levés par la France avoisinèrent 7 % de la population, bien loin des 20 % de la Première Guerre mondiale, par exemple. L'appareil de propagande fut certes développé mais ne fut pas appuyé par un appareil policier et politique « totalitaire » (voir plus loin). Toute la société ne fut pas appelée à se battre et à se sacrifier, pas plus que l'appareil productif ne fut intégralement mis au service d'une « économie de guerre ». Mieux : malgré les guerres, l'industrie et l'agriculture poursuivirent leur développement, tandis que les salaires, le niveau de vie et la santé des populations continuaient à progresser.

En démontant cette théorie, on s'aperçoit à quel point l'anachronisme et le placage artificiel sur le passé d'événements postérieurs peuvent compliquer l'analyse et la compréhension des questions traitées. La conception et la pratique napoléoniennes n'ont en réalité rien à voir avec la guerre totale. S'inspirant de Montesquieu, Bonaparte écrivait en 1797 que « le droit de la guerre n'autorise peut-être pas à faire à son ennemi tout le mal possible ». Il s'en tint en général à cette position, reprenant à son compte le *jus in bello* de l'Église et des philosophes : l'implacabilité de l'affrontement devait être tempérée par une sorte de code d'honneur touchant au respect des prisonniers, au secours aux blessés et à la sanctuarisation des hôpitaux, au remplacement du pillage par des contributions de guerre, à la protection et la bonne administration des populations civiles dans les territoires conquis. D'éducation intellectuelle classique et chrétienne, Napoléon considérait que la guerre était une affaire entre États qui ne mettait pas fin aux règles d'or de la civilisation.

14
Pillage d'État ?

Dans nos grands musées, certaines mentions obscures aux profanes figurant sur des cartels (« Dépôt de la République, an VIII », par exemple) indiquent que l'œuvre décrite fait partie des trésors saisis par les armées françaises entre 1792 et 1800. D'autres ont rejoint les collections publiques dans les années suivantes, provenant notamment d'Allemagne. Partant, on accuse parfois Napoléon d'avoir « pillé » l'Europe, sous-entendu pour que le butin passe dans son escarcelle. On n'est pas loin ici d'une accusation de « biens mal acquis », aujourd'hui appliquée à certains potentats africains, voire de « spoliation », comme pour les biens juifs sous l'Occupation. Revoici les amalgames, l'anachronisme et la concurrence victimaire. Et comme la tendance est au repentir obligatoire, certains estiment qu'il faudrait rendre aux pays concernés ce qui leur aurait été « volé ». Cela ne serait qu'une polémique de plus si nos gouvernants et, en premier lieu, le président de la République, qui en avait fait une de ses promesses électorales, n'avaient pas ouvert ces derniers mois la voie à une politique de « restitution » d'objets figurant dans les collections publiques. Pour le moment, elle concerne des œuvres issues des temps de la colonisation, au Sénégal et au Bénin, pour, dit Emmanuel Macron, dans une formule qui mériterait sans doute d'être précisée, « construire un imaginaire commun[1] ». Mais nous avons appris à être méfiants et à redouter toutes ces entrouvertures de portes. Dans la situation qui est la nôtre, tout peut arriver lorsque l'émotion déborde et que la consolation – qui ne console personne mais encourage à de nouvelles revendications – devient une politique.

1. Rappelons que, depuis le XVIe siècle, la règle est l'inaliénabilité des collections publiques. Jusqu'à présent, chaque « restitution » doit faire l'objet d'une loi, sauf à opter pour des dépôts ou des prêts à durée indéterminée à des musées étrangers. Avec sa (fausse) bonhomie coutumière, la ministre de la Culture, Roselyne Bachelot, a déclaré lors du vote de la loi sur les « restitutions » au Bénin et au Sénégal que celles-ci ne portaient pas atteinte à l'inaliénabilité, un peu comme Magritte avait intitulé *Ceci n'est pas une pipe* la représentation d'une bouffarde.

Pour mieux comprendre comment des œuvres étrangères sont entrées dans nos collections sous la Révolution et l'Empire, remettons brièvement les faits dans leur contexte.

L'époque appliquait ce qu'on appelait alors le « droit de conquête », consistant à s'emparer de biens agricoles, industriels ou artistiques chez un ennemi vaincu ou occupé. Côté français, la Convention étendit considérablement ce droit au nom de l'idée que la Révolution s'imposerait « par la guerre et par les arts » et que « l'art et les sciences » ne pouvaient vraiment s'épanouir que dans la « patrie de la liberté ». Danton fut un des promoteurs les plus connus de ces théories, qui ne furent plus guère contestées après lui, hormis par quelques cercles intellectuels restreints. Dès l'occupation de la Belgique, début 1794, une commission spécialisée fut attachée aux armées pour sélectionner et envoyer à Paris des tableaux, des sculptures, des livres précieux et des curiosités d'histoire naturelle. Ces premières saisies furent régularisées de fait, par l'intégration de cette ancienne province autrichienne et de l'évêché de Liège à la France. On avait simplement transféré dans la capitale ce qui était jusqu'alors conservé dans des départements périphériques. Le système fut étendu aux États allemands et à l'Italie, lors des campagnes victorieuses suivantes, y compris dans des contrées qui n'étaient pas promises à l'annexion. On organisa même de grandioses cérémonies pour célébrer l'arrivée à Paris et le dépôt au Louvre des œuvres réquisitionnées.

Napoléon n'a donc pas *inventé* le système des saisies mais a hérité d'une tradition guerrière ancienne étendue par les gouvernements révolutionnaires.

Lorsqu'il prit la tête de l'armée d'Italie, en mars 1796, il reçut ordre du Directoire de l'amplifier dans des régions où d'innombrables trésors faisaient rêver les Européens. On lui adjoignit une très officielle « commission du gouvernement à la recherche des objets de science et d'arts dans les pays conquis par les armées de la République ». Présidée par Gaspard Monge, elle comptait un botaniste, un chimiste, un naturaliste, un sculpteur et plusieurs peintres. Le général en chef ne les laissa cependant pas se livrer à une razzia mais encadra strictement leurs opérations. Leurs accaparements pour le compte de la République devaient être réguliers au regard du droit de conquête. Ils pouvaient être décrétés après la prise d'une ville ou d'une forteresse, mais devaient être régularisés par les traités et armistices conclus au fur et à mesure des succès de l'armée d'Italie[2].

2. Comme dans toutes les guerres, il y eut évidemment, entre 1792 et 1815, des pillages individuels, nonobstant quelques caisses

Dans ces textes signés des deux parties, des articles particuliers prévoyaient que les vaincus devaient remettre tant d'œuvres à leurs vainqueurs, par exemple vingt tableaux par le duché de Parme, vingt par celui de Modène, vingt-cinq par celui de Milan, etc. La meilleure « récolte » eut lieu dans les États du pape, après la paix de Tolentino du 19 février 1797 : cent tableaux, bustes, vases ou sculptures et cinq cents manuscrits. Le dernier grand travail de Monge et ses collègues se déroula après la conquête de la République de Venise : ils firent enlever des œuvres du Titien et de Véronèse, une grande quantité de pierres précieuses, le lion sassanide de la Piazzetta, destiné à une fontaine parisienne sur l'esplanade des Invalides, et le quadrige de la basilique de la place Saint-Marc, lui-même dérobé par les Vénitiens à Constantinople, qui sera un temps placé sur l'arc de triomphe du Carrousel. Plus tard, en Allemagne notamment, d'autres commissions se chargèrent de réunir de nouvelles œuvres, à la suite de la défaite prussienne de 1806-1807 puis de la réunion à l'Empire des contrées bordant la Baltique. Cette fois, c'est le

---

détournées au profit des dignitaires de l'Empire, surtout pendant la guerre d'Espagne et lors de la campagne de Russie, avec ici un moindre résultat en raison de la perte des bagages pendant la retraite. Ce butin-là ne figure pas à l'inventaire des musées.

directeur du Louvre, Dominique Vivant Denon, qui présida aux prélèvements, souvent en paiement d'indemnités de guerre ou à titre de sanctions infligées à des notables refusant de se plier à la loi du vainqueur. Cette partie officielle s'effectua en application du « droit des gens », ainsi qu'on appelait à l'époque le droit international[3]. « Malheur aux vaincus », en quelque sorte.

Tout ceci explique pourquoi les œuvres confisquées ne regagnèrent pas toutes leurs emplacements d'origine à la chute de l'Empire. En 1814, après la première abdication de Napoléon, il n'en fut même pas question, l'Angleterre forçant ses alliés à respecter les accords réguliers antérieurs. Ce n'est qu'après Waterloo que Wellington fit pénétrer ses troupes au Louvre pour confisquer à son tour une partie du butin et la rendre à ses avant-derniers propriétaires. Plusieurs dizaines de ces œuvres furent toutefois soustraites à cette empirique restitution, soit parce qu'elles n'étaient pas transportables (ce fut le cas pour les *Noces de Cana*), soit parce qu'elles n'étaient pas réclamées par les anciens vaincus, soit enfin parce qu'elles avaient prudemment

3. L'expression découle des principes du droit romain qui séparait le *jus civile* – soit pour simplifier, le droit interne – du *jus gentium*, qui régissait les rapports entre les cités et entre les peuples.

été déposées dans des musées de province. Il n'y aurait donc aucune raison de les restituer, qui plus est à des États qui n'existaient pas (Allemagne, Italie) et qui, à notre connaissance, n'en ont même pas fait la demande. On peut donc clore ce dossier pour le moment, tout en gardant les yeux ouverts et une vigilance absolue. L'imagination déracinée de nos dirigeants, l'incompréhension de ces questions par la majorité des parlementaires, l'absence de courage des responsables culturels, le tout conforté par l'avis de « spécialistes » en restitution d'œuvres d'art, n'ont en effet pas de limites lorsqu'il s'agit de naviguer sous le vent[4].

4. Un rapport remis au président Macron par Bénédicte Savoy et Felwine Sarr (23 novembre 2018) préconise l'assouplissement des règles d'inaliénabilité afin de faciliter les restitutions des œuvres venues d'Afrique subsaharienne. Rien donc, *pour le moment*, sur les saisies de la Révolution et de l'Empire.

15
La Révolution et la République

Toujours des mots, rien que des mots, dit la chanson. Ceux de *Révolution* et de *République*, usés à force d'être psalmodiés, alimentent aussi les polémiques concernant Napoléon. Pour aller à l'essentiel, il les aurait reniées toutes les deux. Voici revenu le réactionnaire et l'anti-républicain, celui qui a programmé la « disparition *radicale* de la république » (Guillemin). On n'aura pas la place d'aller ici au fond des choses, ce que même une thèse ne pourrait d'ailleurs accomplir. À défaut d'épuiser le débat et le lecteur, on en restera au commencement : le sens des mots dans leur époque.

Dans la plupart des manuels, au moins depuis ceux d'Ernest Lavisse au début du XXe siècle, la Révolution est divisée en quatre périodes : la Constituante (1789-1791), la Législative (1791-1792), la Convention (1792-1795) et le Directoire (1795-1799). Cette périodisation place implicitement le Consulat (1799-1804) hors de la Révolution. De ce découpage aux fins initialement pédagogiques a dérivé l'accusation que Bonaparte l'aurait *arrêtée* ou *trahie*, voire *assassinée*, quand bien même il se présenta toujours à juste raison comme son sauveur et son continuateur. Cette revendication d'héritage a souvent été contestée, souvent en s'appuyant sur une lecture rapide, et à bien des égards abusive, de la proclamation accompagnant la Constitution consulaire du 22 frimaire an VIII (13 décembre 1799) : « Citoyens, la Révolution est fixée aux principes qui l'ont commencée. *Elle est finie.* » On a argué que cette dernière phrase – la première étant oubliée – sonnait comme un aveu : le régime tournait le dos à la Révolution.

Mais que voulait dire Bonaparte ?

Lorsqu'il décrétait la Révolution *finie*, il ne faisait d'abord que reprendre un projet caressé depuis dix ans sur tous les bords politiques, parce qu'il correspondait aux attentes du plus grand nombre, effrayé puis lassé des incertitudes et des désordres. Les gens ordinaires appellent souvent à la réforme mais ont horreur du désordre qui dure et, au fond, empêche la vie simple et tranquille à laquelle en vérité ils aspirent. C'est sans doute parce qu'ils le savaient que, dès le mois d'août 1789, les monarchistes constitutionnels avaient proclamé que l'on touchait au terme des changements nécessaires. Un an encore, et Mirabeau, La Fayette ou le triumvirat Lameth-Barnave-Duport annonçaient le même achèvement. À cette époque, dans son *Esprit de la Révolution et de la Constitution de France*, Saint-Just parlait de la Révolution au passé. Robespierre reprit le thème, sans en faire finalement sa ligne de conduite. Lors de l'adoption de la Constitution de l'an III (1795), les députés affirmèrent en chœur que l'on était bien cette fois au bout de l'affaire. Pourtant, trois ans plus tard, Mme de Staël cherchait encore les *Circonstances actuelles qui peuvent terminer la Révolution*.

Depuis 1789, en somme, tous les « finisseurs » de la Révolution n'étaient parvenus qu'à un résultat : relancer le mouvement qu'ils prétendaient clore et, en conséquence accessoire, s'offrir en victimes à leurs successeurs. Une révolution finit toujours par dévorer ses enfants et celle-ci n'a pas échappé à la règle. Voulant stopper cette fuite en avant, mais sans effacer les acquis rudement arrachés, les Brumairiens entendaient l'achever, certes, mais en rendant irréversibles ses principes légitimes. C'est au centre gauche qu'ils gouverneraient, à égale distance du jacobinisme et de la contre-Révolution. Ils commencèrent par faire cesser les troubles qui subsistaient, dans l'Ouest notamment, en mettant fin à la guerre civile. On leur a reproché leur rudesse. Mais aurait-il fallu, pour être approuvés plus tard par une pensée « de gauche » se revendiquant seule héritière de la Révolution, qu'ils attisent les divisions et approfondissent le chaos ? Les remises en ordre ne se font jamais sans quelques bousculades répressives (celle de l'Ouest fut sévère mais limitée) et les déchirements civils ne peuvent être raccommodés en faisant plaisir à tout le monde.

Pour le reste, et nous touchons là le cœur du problème, Bonaparte énonça clairement où il voulait en venir devant le Conseil d'État : « Nous avons fini le roman de la Révolution ; il faut en commencer l'histoire, ne voir que ce qu'il y a de réel et de possible dans l'application des principes, et non ce qu'il y a de spéculatif et d'hypothétique. » En politique intérieure, c'est le rôle historique qu'il s'assigna et qu'il atteignit largement. La révolution « sociétale » (comme on dit aujourd'hui) entra dans les lois et les mœurs. C'était ce qu'Ernest Renan appela la « réalisation du programme révolutionnaire dans ses parties possibles ».

« La Révolution est *finie* », affirmait la proclamation. Elle ne disait pas qu'elle était *terminée*, mais qu'on lui donnait des bornes[1]. En utilisant le verbe *finir*, les consuls avaient fait un choix sémantique habile, qui parlait aux contemporains cultivés : selon le *Dictionnaire*

1. Finir, du latin *finire* qui signifie « borner ».

de l'Académie française publié sous le Directoire, *finir* pouvait avoir comme synonyme autant *parfaire* (un produit fini est un produit parfait) qu'*achever*. Bonaparte et ses colocataires du pouvoir exécutif déclaraient donc vouloir mener la Révolution à *bonne fin* par la mise en œuvre de certains principes *fixés* à ses débuts, et que le texte énumérait par ailleurs : gouvernement représentatif, propriété, égalité, liberté, conciliation des droits des citoyens et des intérêts de l'État.

La Constitution qui suivait la proclamation donnait la part belle à l'exécutif, sans écraser *a priori* le législatif. Le programme ayant été fixé, il avait été jugé superflu de faire précéder le texte d'une énième déclaration des droits. On allait gouverner et non plus philosopher, privilégier les choix rationnels, contre la démagogie, maintenant que l'on avait brisé le « bon plaisir ». Bonaparte se considérait lui-même comme le garant de ces choix. Désormais, l'autorité venait « d'en haut » et la confiance « d'en bas ». C'est pourquoi Adam Mickiewicz estima qu'avec Napoléon « la Révolution [devint] régulière » et que son nouveau leader était l'« idée faite gouvernement »[2]. Et si l'on voulait provoquer un peu, on reprendrait Nietzsche qui disait

2. Cours au Collège de France, publié dans *Tribune des peuples*, 8 avril 1849.

que « la Révolution a rendu Napoléon possible ; c'est sa seule utilité ».

Reste la question de l'*Empire*. Sa proclamation est souvent donnée comme synonyme de *fin de la République*. Avec un truisme aussi simpliste, blanc contre noir, bien contre mal, on se dispense de réfléchir.

On condamne notamment le basculement de 1804 au nom de la vénération du mot de *république* et ses déclinaisons. On veut leur faire tout dire, jusqu'à ne plus vouloir rien dire. Dans le discours politique contemporain, elles tendent en tout cas à remplacer les mots « France » et « Français » – qui, eux, seraient incompatibles avec le nouveau monde en marche et empesteraient le « nationalisme[3] ». Elles permettent surtout à nos politiciens de désigner ce qu'ils n'ont plus la capacité culturelle et le courage de définir avec précision, par crainte de blesser ou d'ouvrir une polémique. Depuis quelques années, une valeur, un

---

3. « La République est, depuis des années, le moyen commode de ne plus prononcer le mot France [...], écrit Éric Zemmour dans une de ses chroniques. La France sous-entend un enracinement, une histoire, une géographie, un peuple, une culture, des mœurs. Bref, une civilisation [...]. La République, c'est plus commode, cela signifie seulement une légalité superficielle qui fait consensus » (*Le Figaro Magazine*, 30 octobre 2020).

comportement, une parole et jusqu'à un vêtement ne sont acceptables qu'à condition d'être « républicains », et pas besoin d'en dire plus. Tout ce qui ne l'est pas doit être rejeté, quand bien même on ne saurait définir avec précision ce qui l'est.

Tentons d'y mettre un peu d'ordre et d'épaisseur pour ce qui concerne l'Empire napoléonien.

En français du début du XIXe siècle, le mot *empire* (du latin *imperium*, commandement) avait une signification politique particulière, qu'il a d'ailleurs partiellement conservée. Il n'était pas la négation ou le contraire de la République, mais synonyme de « domination sur un territoire ». Il n'avait pas *a priori* de conséquence directe sur le statut du chef de l'État. On parlait d'Empire ottoman sans qu'il y eût un empereur à Constantinople. *A contrario*, le Saint Empire avait bien un empereur à Vienne, mais il n'exerçait aucune autorité réelle sur l'espace germanique, hors les territoires des Habsbourg. Plus près de nous, on a longtemps parlé d'« Empire français » pour désigner les colonies, sans pour autant que les présidents des IIIe et IVe Républiques aient jamais été considérés comme des empereurs. Avant la Révolution, on désignait souvent la monarchie française comme un *empire* et, après la fête de la Fédération, il s'était trouvé des voix pour réclamer que l'on proclame un « empire des Français », sous le sceptre de Louis XVI. Sous le Directoire encore, il était fréquent que l'on désigne par ce terme les territoires contrôlés par la République. Composé en 1791, le chant révolutionnaire *Veillons au salut de l'Empire* l'exprimait parfaitement.

En 1804, en imposant la titulature impériale pour le chef du pouvoir exécutif, Napoléon fit se rejoindre les deux sens du mot, ce qui n'effraya pas les contemporains. Pour cela, il joua beaucoup sur les références passées. La dignité impériale plongeait ses racines dans l'histoire, de Rome jusqu'à Charlemagne. Ce dernier était vu à la fois comme un restaurateur (qui avait ressuscité et tenté de réunifier l'Empire romain) et un fondateur (qui avait affermi l'empire des Francs). C'est à lui que l'on identifia d'abord le nouvel empereur et que celui-ci souhaita être assimilé. L'époque baignait dans les références antiques, non par simple imitation, mais parce que les contemporains étaient intimement convaincus qu'ils étaient les véritables successeurs des Anciens. Et ce Bonaparte ressemblait, par son destin, au plus célèbre d'entre eux : Jules César. N'avait-il pas été lui aussi un « dictateur de salut public » ? Comme lui, n'avait-il pas eu à affronter – avec plus de bonheur – les complots et les attentats ? Quant à la conquête de la rive gauche du Rhin et la domination sur l'Italie du Nord, n'étaient-elles pas le retour à l'ambition carolingienne ?

La proclamation de l'Empire ne mit pas fin à une République dont on changeait seulement les institutions. L'article premier de la nouvelle Constitution en tirait sobrement les conséquences en disposant que « le gouvernement *de la République* [était] confié à un empereur ». Rappelons que le mot « république » (*res publica*, chose publique) n'était pas non plus synonyme de démocratie représentative et encore moins de régime parlementaire. Le seul exemple « républicain » d'envergure était à l'époque celui des États-Unis où la présidence concentrait l'intégralité du pouvoir exécutif.

On aura du mal à le faire admettre à ceux qui croient au déterminisme historique et ne jurent que par le régime parlementaire comme marque républicaine pure. Mais il en était ainsi à l'époque et, mis à part quelques résidus du parti jacobin et les royalistes têtus, les Français de 1804 ne se firent aucun souci sur la nature du nouveau régime. Ils ne craignaient pas une « monarchie », régime qui avait été celui du pays pendant mille ans, et se méfiaient d'une « république » qui avait conduit aux désordres civils et à la Terreur.

16
Une société en ordre

Peut-on renier un homme qui eut comme programme l'ordre public, l'égalité civile et la reconnaissance du mérite ? Le premier est le fondement d'une société paisible dans laquelle l'État empêche que « l'homme soit un loup pour l'homme ». La seconde est une ambition – et aussi une revendication – de tout citoyen de notre pays, dont l'accomplissement prime celui de la liberté. Le troisième est ce qui fonde la récompense et la promotion de l'effort individuel, des bonnes actions pour la collectivité et de l'amour de son métier. Sur ces trois points, le consensus s'est étiolé de façon accélérée ces dernières décennies. La défense de l'ordre public est de plus en plus confondue avec son seul maintien, tandis que la moindre contrainte est dénoncée comme une insupportable atteinte à une liberté *individualiste* qui veut que l'intérêt d'une personne ou d'un groupe, aussi restreint soit-il, l'emporte sur ceux de la société. Quant à l'égalitarisme, il est poussé au point que l'on regarde l'élévation des plus méritants comme une blessure à l'égalité, au point qu'on favoriserait presque les moins capables pour en éviter le reproche. Tout se passe comme si la base de tout posait que l'homme est naturellement bon, nouvelle joute entre les partisans de Hobbes et de Rousseau... du moins pour ceux à qui l'histoire n'a pas appris que Jean-Jacques avait tort.

Ces désengouements contemporains ont rejailli sur l'appréciation du régime napoléonien qui essaya de concilier ordre, égalité et mérite. Pour comprendre où Napoléon voulait en venir, il n'est pas mauvais de suivre le conseil de Talleyrand : quand on s'est perdu, mieux vaut faire quelques pas en arrière pour retrouver le dernier carrefour.

Lorsqu'on évoque l'ordre *public* sous le Consulat et l'Empire, on l'assimile le plus souvent aux interventions de la police ou des tribunaux et aux autres manifestations de l'autorité. Elles n'étaient pourtant que la conséquence d'une politique plus globale qui n'était pas le contraire du désordre mais un véritable projet social, regroupé pour l'essentiel dans le Code civil sur lequel il faut encore et toujours revenir. Il le faut d'autant plus qu'on oublie trop facilement à quel point il est resté le principal pilier de notre organisation politique et sociale, garant de son unité et de son acceptation par les citoyens. Il est un bloc et non un catalogue des droits et devoirs dans lequel chacun pourrait venir puiser ou choisir ce qui l'arrange ou contribue le mieux à son confort personnel.

« L'ordre, l'ordre ! Voilà l'objet de toute constitution, la tâche de tout gouvernement, le principe de toute prospérité publique. » Napoléon aurait sans réserve repris à son compte cette exhortation jaillie de la plume de Pierre-Louis Roederer, dans un article paru en août 1796. Tel fut en effet son programme auquel on ne comprendrait rien si l'on se contentait de n'y voir que son goût pour les interventions policières ou la censure. Car avant d'en assurer la défense, Napoléon et l'équipe qui l'entourait définirent ce qu'il fallait entendre par « ordre public », autour de la restauration de l'État et de la création d'un cadre juridique stable[1].

1. Les historiens ont montré que la censure finit par ne toucher qu'une petite partie des écrits qui lui étaient soumis. Une sorte d'autodiscipline s'était instaurée chez les littérateurs, les journalistes et les éditeurs. Quant à la correction des classiques, rare sous Napoléon mais dénoncée depuis comme un scandale, qui oserait prétendre que nous n'y céderons pas à notre tour, quand des groupuscules ignares empêchent des représentations théâtrales, que des éditeurs changent les titres ou adaptent le contenu de certains livres ou que des metteurs en scène modifient « préventivement » le scénario des pièces et œuvres lyriques ?

Le cœur de cette démarche fondatrice bat dans le Code civil et non dans l'organisation du ministère de la Police. Comme œuvre sociopolitique, le texte de 1804 privilégie une conception « modérée », fille de « 1789 », fondée sur les droits des citoyens bornés par l'intérêt général. Ces principaux droits sont : la liberté, l'égalité et la propriété. Dès 1796, Bonaparte avait dicté une proclamation au peuple de Modène dans laquelle il écrivait qu'« un peuple libre est celui qui respecte les personnes et les propriétés ». Dans cette droite ligne, le Code place l'individu au centre de la société – mais sans qu'il puisse concurrencer l'État – tout en rationalisant les rapports entre concitoyens. La liberté et l'*autonomie de la volonté* y sont concrétisées par celle des contrats dont la validité est soumise à des règles précises et préétablies. La société française déclare ainsi accepter et protéger la singularité, qui n'est pas l'individualisme. Pour la garantir, le Code place au-dessus de tout l'*égalité civile et devant la loi*, deux objectifs pour lesquels on avait fait la Révolution : « La loi est une pour les citoyens ; la considération de la fortune ou de la naissance n'y [peut] rien changer », rappellera Napoléon à son ministre de la Justice Regnier, début 1809. Cela ne signifie pas que le Code était égalitaire. Les codificateurs ne prétendaient pas mettre en œuvre un dispositif visant à rectifier les inégalités créées par la marche de la société ou les différences découlant de la nature : ils prolongeaient en cela l'esprit de la Déclaration des droits de l'Homme et du Citoyen tout en coulant dans le bronze l'abolition des privilèges. Le Code proclamait aussi la *non-confessionnalité de l'État*, premier pas vers la laïcité, et la *centralité de la cellule familiale*. Enfin, il consacrait le *droit de propriété*, à condition de ne pas en faire un « usage prohibé par les lois et les règlements », et l'*inaliénabilité du domaine public* qui protégeait les biens de la nation. Ces quelques principes constituaient la clef de voûte du système juridique et de la vie en commun, si bien que les autres codes et même la marche des administrations devaient s'y conformer. Par exemple, du droit civil des contrats devait découler celui des autres formes d'accords, en matière commerciale, de travail et autres. En un mot, tout était dans le Code.

Celui-ci était écrit en termes simples, si bien que Stendhal recommandait la lecture quotidienne de quelques articles pour se pénétrer d'une langue claire et belle. Qui plus est, on ne le souligne pas assez, le Code laissait une large place à la jurisprudence, principalement celle de la Cour de cassation, ce qui évitait d'avoir sans cesse à le modifier ou à le compléter. Dans son discours introductif, que l'on devrait offrir à chaque parlementaire au moment de son élection, Portalis avait d'ailleurs mis en garde sur ce point : « Tout prévoir est un but qu'il est impossible d'atteindre. Il ne faut point de lois inutiles ; elles affaibliraient les lois nécessaires ; elles compromettraient la certitude et la majesté de la législation. » Le conseil n'est plus entendu depuis longtemps : nos lois de circonstance ou de confort, souvent rédigées à la va-vite sous le coup de l'émotion, font bégayer un droit existant que l'on a oublié ou que l'on n'a plus la force d'appliquer. Portalis avait raison : passer en matière législative d'un jardin « à la française » à une suite de taillis touffus revient à tuer non seulement la majesté, mais aussi la compréhension et l'utilité de la loi.

Écrire et faire adopter un Code civil aussi complet n'était pas rien, et je me plais souvent à citer sur ce point Robert Badinter qui écrivait : « Toute entreprise de codification, pour réussir, requiert trois conditions : un moment favorable, des juristes de talent, une volonté politique[2]. » Le moment fut l'apaisement intérieur consécutif à Brumaire et un désir collectif de stabilisation. Les grands juristes avaient pour noms Cambacérès, Portalis, Tronchet, Maleville, Bigot de Préameneu, etc. La volonté politique était incarnée par Bonaparte, dont on ne doit sous-estimer ni la formation juridique – ses connaissances étonnaient parfois les

2. Robert Badinter, « *Le Plus Grand Bien*... », Fayard, 2004, p. 17.

jurisconsultes –, ni une profonde réflexion sur les voies et moyens de la réussite de l'entreprise codificatrice. Malgré les coups qui lui sont portés par les législateurs actuels, qui confondent parfois la satisfaction de leurs clientèles avec le bien commun en ne voyant que le bout de leur nez[3], cet ordre civil et social napoléonien subsiste encore, malgré bien des réformes bâclées. C'est en cela, disais-je plus haut, que Napoléon est encore *en nous*. Lui-même le pressentait, qui confiait à Sainte-Hélène que « son » code avait fait « plus de bien en France que la masse de toutes les lois qui [l'avaient] précédé ».

3. Prenons l'exemple du droit de la famille. Ses équilibres d'origine ont été bouleversés ces vingt dernières années, à commencer par les règles de la filiation qui glissent insensiblement des réalités biologiques aux exigences de la volonté de certaines minorités et des désirs individuels. Le Législateur actuel finira par vouloir démentir le juriste du XVIIIe siècle Jean-Louis de Lolme, qui écrivait que « le Parlement peut tout, sauf changer un homme en femme ». Il est vrai qu'il parlait du Parlement britannique.

17
Autres temps, autres mœurs

Napoléon voulait que l'ordre règne jusque dans les mœurs privées. Il n'eut certes pas une vie personnelle absolument rangée, se mariant deux fois et ayant eu plusieurs maîtresses, écarts qu'il couvrait d'un voile épais. Seules de rares personnes de son entourage immédiat connurent par exemple l'existence de ses deux fils naturels, Léon (né en 1806) et Alexandre (né en 1810)[1]. Ces enfants ne découvrirent sa paternité qu'après sa mort, quand bien même il les avait reçus dans ses palais et avait joué avec eux. Contrairement à Louis XIV et Louis XV, il ne se serait jamais affiché et aurait encore moins donné de rôle politique à une favorite. Ses furtifs « repos du guerrier » étaient des

1. Le premier était né d'une liaison avec Éléonore Denuelle de La Plaigne, le second de celle avec Marie Walewska.

secrets bien gardés. Il déclara à ses compagnons de Sainte-Hélène que le seul amour de sa vie fut Joséphine, dont il divorça parce qu'elle ne pouvait pas lui donner d'héritier. La raison d'État et la dynastie avant tout, même au prix du sacrifice et des regrets. Pour le reste, en dépit d'un certain faste, son attitude à la cour était toujours dictée par une stricte étiquette. Il savait que sans elle, un monarque à la légitimité fragile n'est plus grand-chose. On ne s'amusait ni en sa compagnie ni dans ses palais, et il ne serait venu à l'idée de personne de lui taper sur l'épaule ou d'attendre de lui des mamours. Revoici le « règne du sérieux » cher à l'historien Lucas-Dubreton. Rien ne le dérangeait plus que le « mauvais » mariage d'un de ses collaborateurs ou qu'un scandale public autour des querelles familiales ou d'argent. Il était en quelque sorte le précurseur des « bonnes mœurs » bourgeoises qui dominèrent la suite de son siècle et une grande partie du suivant.

Cette rigueur se retrouve dans l'organisation de la famille par le Code. Cellule première de la société, elle fut hiérarchisée, avec au sommet le fameux « bon père de famille », version modernisée du *pater familias* de l'Antiquité en une sorte de dépositaire de la puissance souveraine dans la sphère privée, veillant à la discipline et à l'application des lois au sein du foyer. Il en était le seul représentant légal, l'éducateur civique et le gouverneur des enfants – dont l'article 371 stipulait qu'ils lui devaient « honneur et respect », ce qui ne manquera pas d'attiser des regrets chez certains pères de notre siècle. Aux plus jeunes d'entre nous, ceux qui sont nés après 1970 et la mutation de l'organisation familiale[2], ces règles paraîtront, au pis, despotiques et, au mieux, terriblement dépassées. Ce système familial, qui synthétisait les normes anciennes et les quelques avancées de la Révolution, fut peu contesté au moment de son instauration et ne fut corrigé, on vient de le dire, qu'après une longue période. Les hommes du temps, Napoléon en tête, estimaient que, fondement de la reconstruction sociale, l'ensemble familial ne pouvait qu'être ordonné sous cette forme stricte. Ces dispositions avaient de graves inconvénients pour les femmes, assujetties à leur père puis à leur mari, ce que les juristes avaient cru adoucir par la contrepartie des protections personnelles et patrimoniales.

On ne peut qu'admirer et soutenir le combat mené par les femmes, mais aussi de nombreux hommes, pour parvenir à l'égalité réelle des sexes. Il demeure une lutte sociale nécessaire, légitime, en particulier au sommet

2. La notion de « bon père de famille » a été retirée du Code en 2014 et remplacée par celle de « gestion raisonnable ».

de l'État, même s'il donne lieu parfois à d'incompréhensibles excès… jusqu'à prôner la haine des hommes, parfois décrétés violents, oppresseurs et violeurs par nature. Il a longtemps été le fait d'une minorité, y compris chez les femmes, avant de s'étendre et de remporter ses premiers succès dans le dernier tiers du XIXe siècle et, plus encore, après la Première Guerre mondiale où les épouses et les filles des mobilisés les avaient remplacés avec abnégation et succès dans les usines, les services et aux champs. Sur le plan juridique, la tutelle de l'époux ne commença à reculer que dans les années 1890, mais les femmes n'obtinrent l'égalité *dans* la loi qu'en 1946. La domination du mari et les exclusions professionnelles ne cessèrent définitivement qu'à partir de 1965. Le voyageur dans l'histoire – celui qui a l'impression de visiter un monde étranger – s'étonnera de ne pas trouver de suffragettes, de féministes militantes et encore moins de *Femen* en accostant à l'époque napoléonienne. Le combat des femmes était alors embryonnaire et pour tout dire confidentiel. On en a bien sûr retenu l'engagement des Manon Roland, Théroigne de Méricourt ou Olympe de Gouges, cette dernière rédactrice d'une « Déclaration des droits de la Femme », pendant la Révolution. Deux sur trois finirent sur l'échafaud, alors que les quelques clubs féminins furent dissous par une Convention finalement pas plus ouverte à l'égalité que les régimes qui l'avaient précédée et que ceux qui l'ont suivie. Le flambeau fut ensuite repris plus discrètement par des auteures telles Germaine de Staël ou Constance de Salm, qui glissèrent quelques arguments en faveur de l'« égalité entre les sexes » dans leurs romans. On note aussi qu'une nièce de Napoléon, Fanny de Beauharnais, milita discrètement – et évidemment sans succès – pour le vote des femmes. Dans ce quasi-désert doctrinal, l'*Opinion d'une femme pour les femmes* de Fanny Raoul, publiée en 1801, fait office de rarissime exception. Il y était question d'égalité civile et politique, mais sans plus d'ostentation ni de tournures virulentes que chez les romancières. L'opuscule fut un peu lu puis oublié, mais sans être censuré. Un sort semblable fut réservé aux autres publications de Fanny Raoul, dont ses *Idées d'une Française sur la constitution faite ou à faire* (1814). Sans scandale, son œuvre fut escamotée avant de réapparaître… à la fin du XXe siècle, lorsque l'historienne Geneviève Fraisse la redécouvrit et la republia.

Le bilan de la période révolutionnaire et impériale est donc bien pauvre sur le plan de l'égalité homme-femme (ou femme-homme comme on dit de plus en plus souvent) et le Code régla les mœurs sans grande opposition pour un siècle et demi. Ceci ne veut pas dire que les femmes furent « exclues de l'histoire » par les hommes.

On dispose de nombreuses études sur celles qu'Alfred Marquiset appelait les « bas bleus », par exemple Mmes Cottin, Dufrenoy, de Montanclos, d'Hautpoul, de Chastenay, Babois et autres, qui vivaient sans gêne ni répression une vie de femme libre au sein même de la société « patriarcale ». On sait que Mme de Genlis ou Hortense de Beauharnais participaient, la première par ses rapports secrets, la seconde par la liberté de ton de ses conversations, à la connaissance de la société par le chef de l'État. Cela peut paraître peu, et ça l'est sans doute, mais nous en sommes aussi encore aux balbutiements des études sur la vie, l'influence et le pouvoir des femmes dans cette société-là. Il n'est qu'à voir la pauvreté des chapitres « Consulat et Empire » des études générales sur le sujet.

Lorsque les oublis seront réparés – et de nombreux historiens et historiennes s'y emploient –, on constatera que, sans exercer le pouvoir, beaucoup de femmes occupèrent une place non négligeable sur la scène sociale, intellectuelle et scientifique, en dépit des barrières juridiques qui en réduisaient la possibilité. Ce sera sans doute jugé insuffisant, mais nul n'y pourra jamais rien : l'histoire de la période ne peut être changée.

« Autres temps, autres mœurs », dit l'adage. Il suffit de le comprendre pour ne pas se dresser sur ses ergots et se lancer dans quelque diatribe que ce soit contre des hommes (et des femmes) morts il y a deux siècles. Comme pour tout autre sujet, tenter de l'expliquer ne vaut pas adhésion mais valorise au contraire les succès postérieurs en évaluant le chemin parcouru. C'est en essayant de l'exposer devant un public d'élite – des professeurs d'histoire-géographie de l'enseignement secondaire public – que je me suis attiré les foudres d'une professeure qui, je l'ai dit plus haut, quitta bruyamment la salle pendant ma communication, en m'adressant un geste déplacé. Je me demande depuis comment elle enseigne la complexité de l'histoire à ses élèves. Décidément, Marc Bloch avait raison, qui estimait dans son *Apologie pour l'Histoire* que « les hommes ressemblent plus à leur temps qu'à leur père ». C'est un peu le fil rouge de cet essai.

18
État *napoléonien*

Quitte à entrer dans une zone de turbulences en ne me soumettant pas au credo actuel, je soutiens qu'on ne remerciera jamais assez Napoléon d'avoir fondé en France un État central solide. Sa structure pyramidale et la qualité de ses agents ont contribué à amortir d'incessants changements de régime (1814, 1815, 1830, 1848, 1851, 1852, 1870, 1875, 1940, 1944, 1946, 1958), les conséquences de trois occupations du territoire (1815, 1870, 1940) et des crises à répétition. Il a été le moteur de grands succès et de plusieurs redressements nationaux. C'est aussi grâce à l'énergie de l'État, à sa vision stratégique et à sa neutralité qu'ont été menée la reconstruction post-1945 puis fondés l'aménagement du territoire et le développement de pans entiers de nos activités industrielles. Et c'est encore l'État qui, élargissant son champ d'action sous l'empire des nécessités, a conçu ou suscité nos politiques sociales financées par les contributions, prélèvements, charges et taxes qu'il était seul à pouvoir imposer.

Cette spécificité française du rôle de l'État, que Napoléon voulait « au centre de la société, comme le soleil », plonge ses racines théoriques dans la fin de la monarchie traditionnelle et la Révolution. Mais elle n'a trouvé son ossature concrète et ses modes opératoires que sous le Consulat et l'Empire. Loin de la caricature « autoritaire » qu'on a parfois dessinée, cette centralisation eut pour première conséquence bénéfique d'asseoir *l'unité et l'indivisibilité de la nation*, principe qui figure toujours dans nos lois fondamentales, de façon tellement naturelle que plus personne n'y prête attention et que certains le négligent. Or, l'unité nationale étant un acte de volonté collective, elle n'est jamais définitivement acquise. Il suffit pour s'en convaincre de constater les tendances actuelles à une décentralisation désordonnée, mais aussi au « séparatisme » revendiqué dans quelques contrées, sans compter le risque de sécession encouragé par l'islamisme radical sur certaines parties du territoire.

Malgré quelques efforts tardifs, l'Ancien Régime n'avait pu se dépêtrer des particularismes locaux. L'enchevêtrement des circonscriptions administratives (différentes pour chaque fonction) était encore compliqué par la coexistence d'agents anciens (ayant acheté des charges) et nouveaux (recrutés sur leurs capacités professionnelles), auxquels s'ajoutaient les différences juridiques entre le Sud (droit romain) et le Nord (droit coutumier). La concurrence des structures empêchait toute réforme d'ensemble et affaiblissait la monarchie qui finit par en succomber. S'inspirant de l'universalisme et du rationalisme des Lumières, la Révolution imposa plus fermement l'unité, dans plusieurs directions : constitutionnelle avec des institutions ne relevant que de la nation, juridictionnelle avec la création d'un seul tribunal de cassation, administrative avec un découpage uniforme, économique avec la suppression des barrières intérieures. Les solutions pratiques de ces premiers temps furent toutefois tâtonnantes et n'aboutirent pas au résultat recherché. Avec son esprit concret et une simplicité de vues jamais prise en défaut, Napoléon alla au bout de la démarche. Il supprima l'élection des fonctionnaires (source d'incompétence et de favoritisme), décréta la hiérarchisation des fonctions (avec le ministre au sommet) et simplifia le découpage du territoire autour de trois grandes circonscriptions, pas une de plus, le département (créé en décembre 1789), l'arrondissement et la commune. Cette remise en ordre se fit sur fond de frugalité des moyens humains et financiers. Elle ne devait rien au « modèle militaire », mais tout à une volonté jamais relâchée de fluidité, de rapidité et d'efficacité. Comme garant du bien commun, l'État se devait de les cultiver.

Complétée par la codification et la concentration du pouvoir, cette centralisation contribua au premier chef à l'achèvement et à la préservation de l'unité française. Une fois fixées les règles d'organisation et de préservation de l'ordre public, l'État les faisait respecter sans entrer jamais dans l'embrouillamini de toutes les activités sociales ou microéconomiques. Cet héritage-là a été préservé presque tel quel pendant plus d'un siècle et demi, faisant de la France un solide État unitaire souvent érigé en modèle. Puis la décentralisation est devenue une panacée et une fuite en avant. Pour l'imposer, ses thuriféraires n'hésitèrent pas à saper l'État en le rendant responsable de tous les maux et de tous les retards de la société. Il fallait démonter l'État *napoléonien* pour assurer le triomphe de la « société ». Est alors revenu le temps de l'émiettement et des gaspillages, d'une nouvelle féodalité générant l'éclatement de l'autorité et la fuite en avant des dépenses publiques. Après la création des régions – dont Napoléon avait fait étudier le projet avant de l'abandonner, en 1808 – et la multiplication des « intercommunalités », l'empilement et le doublonnage des structures, sans compter les niveaux de décision européens, devinrent la règle, phénomène toujours en cours quoi qu'en disent, la main sur le cœur, les gouvernements actuels.

L'État d'aujourd'hui, mis en concurrence et parfois sous la coupe des pouvoirs locaux, se rapproche plus de celui de l'Ancien Régime que de celui de Napoléon, celui-ci assis sur un cadre stable et une distribution claire des rôles entre les gouvernants et leurs agents, entre le central et le local, entre ce qui était « régalien » et ce qui ne l'était pas. Restent toutefois, encore et toujours, les mots : toutes les lourdeurs, tous les retards, tous les ratés viennent, nous dit-on, d'une centralisation tenace, toujours qualifiée de *napoléonienne* et désignée comme la matrice d'un État accusé d'être « obèse » et « castrateur des talents ».

C'est tenter de faire oublier la façon dont les « réformes de l'État » et la « simplification administrative » sont menées depuis un demi-siècle. Autour de la sacralisation de l'idée de décentralisation et une fois dépassée la sage prudence des lois de 1982, on a inventé et abusé d'un principe-valise difficile à contester : il faut « rapprocher le pouvoir des citoyens ». Revoici les bébés et chatons contre lesquels on ne saurait lutter. Sauf que pour faire croire au fameux « rapprochement », il a été répondu à chaque problématique par la création d'un étage nouveau et mangeur d'énergie. L'intérêt général a été éclaté entre une multitude d'intérêts particuliers se chevauchant et même parfois s'opposant les uns aux autres. Le dernier avatar en a été la création des métropoles, ajoutées aux autres niveaux alors même que l'on avait craché-juré que la simplification du « mille-feuilles » était à l'ordre du jour. Chaque étage exige et finit par être doté de compétences, de moyens et de postes prestigieux, cultive de prétendues spécificités (toujours au prix d'une communication coûteuse) et complique d'autant la prise de décision qui s'apparente à une course d'obstacles. Pour que passe mieux la pilule, on met en circulation de nouvelles expressions qui, à bien y regarder, témoignent qu'il est peut-être trop tard pour revenir à des conceptions simples et efficaces. Voici venus les temps de la « différenciation territoriale » dans une France « unie et plurielle ». Difficile de trouver un verbiage plus creux et imprécis, porte ouverte sur tous les bricolages.

L'administration de l'État est reléguée à la mise en œuvre des caprices des politiques, tandis que l'empilement affaiblit ses capacités opérationnelles et détourne beaucoup de ses moyens vers le financement des structures des régions, départements, métropoles, « Grand Paris » ou « Grand *autre chose* », communes et intercommunalités. Dans le même temps, au niveau central, les moyens du régalien sont vampirisés par le social, le seul domaine qui soit électoralement rentable. L'État-nounou, fondé sur la compassion et l'allocation, impose ses besoins toujours croissants, tandis que l'État stratège, organisateur et régulateur agonise. Privé d'objectif et d'un vrai commandement, son administration tourne en rond, produit de la paperasse et entrave la plus insignifiante activité pour justifier son existence et lutter pour sa survie. Relégué à la production continue et irréfléchie de normes absconses, l'État est devenu un automate de leur application. On s'est encore offert le luxe de multiplier les « autorités administratives indépendantes » et, par centaines, les agences ouvertes à la « société civile » (comprendre : à l'entreprise), d'importer les recettes éculées du management privé (pompeusement dénommé : « nouveau management public ») dans ce qu'on appelle à présent la *gouvernance* pour ne plus dire le *gouvernement*. On a relégué l'État au rang d'accompagnateur du marché, sans jamais adapter les conditions d'exercice de ses missions fondamentales, en faisant semblant de le conserver intact tout en le privant de ses moyens et de son autorité. Avec ses 6 millions de fonctionnaires dont la rétribution et – tout de même un peu – l'action mobilisent une large moitié du revenu national, la France est désormais mal administrée et mal décentralisée, peuplée de bataillons d'ayants droit n'aspirant à rien d'autre qu'à se les voir servir. Le tout a été soutenu par une propagande « anti-État » qui, si elle pourrait se comprendre de la part des barons locaux et des tenants du néolibéralisme, étonne venant des plus hauts niveaux politiques… de l'État lui-même, y compris – c'est un comble – dans les rangs des « néogaullistes ».

Un bel exemple des contrevérités sur l'État nous a été offert l'an passé, lors de la première phase de la crise de la Covid-19. N'osant pas regretter l'État ancien style – qu'ils ont consciencieusement affaibli sous couvert de rénover –, les gouvernants, la presse et bientôt le public ont accusé son fantôme d'avoir failli. C'est cacher ou laisser ignorer qu'un bon ministre de l'Intérieur et des préfets concentrant les moyens et les décisions auraient mieux réussi qu'une direction générale de la Santé incompétente à mobiliser les services ne relevant pas de son autorité pour lutter contre un fléau dont les implications sanitaires ne représentaient qu'une partie des problèmes. Qui plus est, avec les interventions non coordonnées des régions, des départements et des grandes villes (dont les élus voulaient « exister » à tout prix, entre les deux tours des élections municipales), les circuits de décision ont encore été embrouillés, sans que la « guerre » en soit mieux menée. Et quelle conclusion croyez-vous que nos gouvernants et « experts » ont tiré de cette cacophonie mortifère ? Je vous le donne en mille : il faut « plus de décentralisation » et même, entend-on, accepter d'urgence les « différenciations territoriales ». La combinaison des deux mènera, toutes choses égales par ailleurs, à une accélération du retour à l'Ancien Régime et aux « poisons et délices » des particularismes locaux dont la nature même les rendra adversaires de l'État.

Après l'*unité nationale*, c'est désormais l'*autorité* de l'État qui est promise à évaporation. Gauche et droite rejouent les provinces *contre* le centre – seraient-ils devenus maurassiens sans le savoir ? Comme le déplorait le publiciste Éric Guéguen : « Comment croire que l'État puisse générer de la cohésion nationale quand on l'abaisse à n'être qu'une caisse enregistreuse ou un distributeur automatique de subventions[1] ? »

Cela, vraiment, Napoléon n'y est pour rien. On ne parle pas du même État.

---

1. Éric Guéguen, *La Justice et l'Ordre. Vrais clivages et faux-semblants*, Politeia, 2020, p. 40.

19
Un exécutif fort

Compte tenu de l'importance et de la pérennité de son œuvre intérieure, les détracteurs de Napoléon sont gênés dans leurs critiques, ce dont ils ont horreur. Difficile en effet de blâmer l'homme du Code, de la rénovation de l'État et de la fondation de nouvelles institutions, qui ont étayé notre nation. Il faut donc trouver d'autres angles d'attaque. Avant même les guerres et leurs fameux « millions de morts », le rétablissement de l'esclavage ou le statut de la femme, la critique la plus ancienne et la plus rebattue est sa pratique du pouvoir. On peut la résumer ainsi : Napoléon décidant de tout au gré de ses (mauvaises) humeurs, piétinant toute forme de démocratie, se maintenant uniquement par la force, emprisonnant à tour de bras, gouvernant à son seul profit et à celui de sa fratrie indigne. C'est *Napoléon dictateur*, de la première à la dernière minute de son gouvernement. Cette accusation-là, fort ancienne, peut encore et toujours servir. Elle a ceci de commode qu'elle chapeaute, agglomère et sert de matrice à toutes les autres.

On ne peut évidemment aborder ce débat en prenant le parti strictement inverse. Il serait absurde de nier que la pratique du pouvoir impérial, surtout à partir de 1807, fut autoritaire. Au retour de la campagne de Pologne avec en poche le traité de Tilsit et la quasi-exclusion de la Russie des affaires européennes, Napoléon paracheva sa victoire intérieure sur des oppositions – royalistes, républicaines et libérales – qui n'avaient plus guère de grain à moudre. Il eut alors le champ libre et, comme l'avait prédit Montesquieu, fut tenté d'abuser et abusa parfois du pouvoir qui lui avait été confié sous les applaudissements élitaires et plébiscitaires. Rarement chef d'État eut dans notre histoire contemporaine les mains aussi libres et aussi peu de contre-pouvoirs. La cavalcade « de Salut public » du Consulat et des débuts de l'Empire était terminée. En était-on pour autant arrivé à la *dictature* et, pis encore, au *totalitarisme* ?

Les prolégomènes de la réponse résident dans un rappel à la méthode. Elle implique le rejet d'une sorte de déterminisme qui voudrait que, depuis des temps immémoriaux, la France soit promise au parlementarisme et à la démocratie représentative. Si tel était le cas, on pourrait – pourquoi pas ? – reprocher à nos ancêtres des cavernes de s'être trop consacrés à la maîtrise du feu alors qu'ils avaient à inventer la démocratie moderne et ses grandes lois de liberté. Une nouvelle fois, ne tenons pas compte de cette vision à rebours de l'histoire. Mieux vaut comme toujours s'en tenir aux faits, de préférence dans le bon ordre.

L'arrivée de Napoléon au pouvoir et sa pratique des affaires interviennent à un moment politique particulier. Elles ne sont ni un accident ni le fruit du hasard ou de la seule volonté d'un homme. Elles s'inscrivent dans la tendance au renforcement de l'exécutif entamé dès les premiers temps de la Révolution. Après l'enthousiasme et l'optimisme des débuts, les événements avaient montré que la domination absolue du législatif conduisait à la paralysie de l'État, alors qu'on entrait en guerre, que l'Ouest et la Provence bouillonnaient, que les finances étaient à sec et que les administrations se délitaient. Les échecs de la monarchie constitutionnelle (1791-1792) et des comités de la Convention (1793-1794) avaient imposé l'idée que la stabilisation de la Révolution devait passer par le rééquilibrage du balancier au profit du gouvernement. On avait cru y parvenir avec la constitution du Directoire (1795) qui renforçait l'exécutif au prix d'un compromis : une séparation stricte des pouvoirs, sans soupape permettant de réduire leurs conflits. Les chambres – Conseils des Anciens et des Cinq-Cents – ne pouvaient contrôler le quintet qu'à la marge et, surtout, ne pouvaient pas le renverser, tandis que celui-ci ne disposait d'aucune influence sur la confection de la loi (pas même l'initiative) ni de l'arme de la dissolution. Il ne restait plus que les empiétements de l'un sur les compétences de l'autre, les bras de fer incessants et pour finir les coups de force pour en sortir. Après chaque renouvellement annuel d'un cinquième des conseils et des directeurs, un coup d'État fut organisé, tantôt pour éliminer les directeurs « réactionnaires » (fructidor an V, septembre 1797), tantôt pour purger les chambres de leurs éléments les plus jacobins (floréal an VI, mai 1798), à nouveau pour épurer le Directoire (prairial an VII, juin 1799).

C'est pour juguler cette instabilité congénitale que Sieyès prépara, au départ sans Bonaparte, le coup d'État devant « rénover la République[1] ». Son projet était de

1. Insistons sur le fait que le coup d'État de Brumaire fut concrètement fomenté par Emmanuel Sieyès, qui est, pour nombre d'historiens, un « héros » de la Révolution française, presque un modèle de révolutionnaire depuis la publication de son pamphlet

créer un pouvoir exécutif stable et fort, qui mettrait fin aux guerres extérieures et aux déchirements intérieurs en collaborant, sans se laisser dominer, avec le législatif. C'est aussi la solution que soutenaient, parmi cent autres, les essais à succès de Benjamin Constant (*De la force du gouvernement actuel et de la nécessité de s'y rallier*) ou de Bertrand Barère (*De la pensée du gouvernement*), sans même parler de Mme de Genlis qui rêvait d'un « nouveau Charlemagne » (*Les Chevaliers du Cygne*). Il n'était pas question d'enterrer la Révolution mais, comme on disait alors, de combattre l'« anarchie ». Il ne suffisait certes pas d'une nouvelle Constitution pour sauver la République mais le gouvernement de la République n'en avait pas moins besoin d'une nouvelle Constitution.

Bonaparte s'inscrivait dans ce courant, comme le montre une fameuse lettre qu'il adressa à Talleyrand, le 21 septembre 1797, sorte de premier jet de son projet constitutionnel : « Dans un gouvernement où toutes les autorités émanent de la nation, où le souverain est le peuple, pourquoi classer dans les attributions du pouvoir législatif des choses qui lui sont étrangères ? [...] Le pouvoir du gouvernement, dans

---

Qu'est-ce que le tiers état ? et son rôle dans les journées de juin 1789.

toute la latitude que je lui donne, [...] aurait toute la partie de l'administration ou de l'exécution qui est par notre constitution confiée au pouvoir législatif [...]. » Tout ou presque est déjà là. Et ainsi fut fait dans le mois qui suivit ce qu'on appela la « révolution de Brumaire », avec un nouveau texte fondamental, le quatrième en huit ans. Un quart de siècle plus tard, à Sainte-Hélène, Napoléon revint sur le sujet : « Il faut se reporter à l'esprit du temps : on était fatigué des assemblées. » *Se reporter à l'esprit du temps...* on ne le lui fait pas dire.

À rebours des simplifications (presque) habituelles, le pouvoir napoléonien ne fut pas immédiatement libre de ses mouvements. Mieux, tout au long de son existence, il dut batailler contre des oppositions qui ne rendirent jamais les armes. Ce chef que l'on a dit omnipotent ne put jamais dormir tranquille. À l'origine, la puissance de l'exécutif était tempérée par l'existence de chambres législatives, du Sénat et de conseils encadrant les consuls et singulièrement le premier d'entre eux. Chaptal, qui n'aimait ni Napoléon ni ce que devint le régime, écrivit pourtant : « Il est difficile de moins laisser à l'arbitraire du chef du gouvernement. La limite du pouvoir est tracée sans confusion. » D'autres que lui pensèrent que le texte donnait aux chambres non seulement une large liberté d'appréciation en matière législative, mais aussi, par le débat, un pouvoir d'empêcher l'exécutif d'agir à sa guise. Dans cet esprit, le Tribunat et Corps législatif purent s'opposer à de nombreuses réformes, discutèrent pied à pied les choix budgétaires, tandis que le Conseil d'État amendait de bon cœur les projets gouvernementaux. Premier consul, Bonaparte n'eut pas la vie facile et ne put que rarement faire prévaloir ses vues sans négocier ou avoir à taper sur la table. Il ne faut pas croire pour autant que, parce qu'ils s'opposaient à lui, tous les empêcheurs ou ralentisseurs des réformes n'avaient que de belles et généreuses arrière-pensées. Certains militaires se seraient bien vus à sa place, les jacobins et les royalistes ne désarmaient pas, les idéologues restaient attachés aux solutions intellectuellement brillantes mais impraticables.

Sans rejeter totalement la séparation des pouvoirs, les Brumairiens avaient toutefois opté pour une construction qui mettait clairement le chef de l'État au sommet de l'édifice. Napoléon n'accepta jamais aucun compromis sur ce point. À force de persévérance et de fermeté, après plusieurs années d'exercice, il fit prévaloir cette conception. Il n'y parvint pas en employant la force brutale, mais par une marche pragmatique et progressive, toujours en s'appuyant sur la Constitution, dont son second, Cambacérès, était un exégète imaginatif et efficace, y compris pour la suppression du Tribunat, en 1807. Il profita aussi des abdications successives du personnel politique, jusqu'au cœur des oppositions, qu'il s'agisse de la retraite en désordre des idéologues, de la dissolution d'un « parti » jacobin sans troupes ou du ralliement de larges pans du parti monarchiste après le sacre (1804) puis au moment du mariage avec Marie-Louise (1810).

Les institutions valent surtout par les hommes qui les habitent et les animent, et on ne peut pas demander plus aux législateurs d'il y a deux cents ans qu'à ceux de notre époque. Les godillots, les craintifs et les ambitieux sont de tous les temps. Quant aux opposants décidés, jamais candidats au suicide politique, ils préfèrent se tapir dans l'ombre face à un pouvoir fort et ne sortent du bois que lorsqu'ils le jugent suffisamment affaibli pour mener l'offensive à visage découvert. Au moins jusqu'à la catastrophe de Russie (1812), la minorité qui désapprouvait l'action du gouvernement finissait toujours par se plier sans broncher à ses décisions. C'est seulement au moment des défaites extérieures que le Corps législatif et le Sénat se sentirent pousser des ailes. Le succès de leurs manœuvres dépendait du renversement des rapports de force et, partant, de l'évolution de l'opinion ébranlée par l'invasion de la mère patrie après les défaites diplomatiques (dislocation de la Confédération du Rhin) et militaires (après la bataille de Leipzig) en Allemagne. C'était tactiquement normal et plutôt bien joué. Il n'y eut pas de « trahison » en 1814, mais un aboutissement opportuniste de luttes qui n'avaient jamais cessé et, dirions-nous aujourd'hui, un bon *timing* des oppositions.

« J'ai toujours commandé », expliqua un jour Napoléon à Las Cases. Il aurait dû dire qu'il avait toujours *aspiré* à commander. Au départ, les constituants de l'an VIII n'avaient pas renoncé au principe de collégialité de l'exécutif qui avait prévalu après le 10 août 1792 (gouvernement des comités), en 1793 (Constitution « montagnarde » jamais appliquée) et en 1795 (Directoire). Le régime consulaire, avec ses trois consuls, n'y dérogeait pas. Mais, nous le savons, le triumvirat était inégalitaire : le Premier des trois jouissait de pouvoirs particuliers et avait préséance sur ses collègues. La proclamation de l'Empire et l'hérédité mirent fin à cette fiction. Le texte fondamental réformé en l'an XII (1804) confiait le *gouvernement* au seul chef de l'État[2]. Quatre ans après son arrivée aux affaires et deux après

2. Article premier : « Le gouvernement *de la République* est confié à un empereur, qui prend le titre d'Empereur des Français. »

la proclamation du Consulat à vie, Napoléon était cette fois en position de *commander* vraiment.

À de nombreux points de vue, il n'y avait rien de choquant pour les contemporains à confier les affaires à un seul homme : historiquement, la France avait connu un exécutif monocéphale pendant des siècles ; techniquement, l'expérience réussie de l'inégalitaire trinité consulaire était encourageante ; humainement, l'aptitude de Napoléon à gouverner n'était plus à démontrer. Sa personnalité et ses réussites firent le reste. Il bénéficia du soutien d'une large frange des élites politiques, administratives et économiques, sans parler de l'adhésion populaire exprimée par trois plébiscites (1800, 1802, 1804) et une participation significative aux assemblées électorales qui continuèrent à se réunir sous son règne. L'époque était à la concentration du pouvoir. Napoléon en avait profité à plein. La France voulait un « chef » et l'avait trouvé.

Fut-il pour autant un dictateur ?

20
Le grand air de la dictature

Une fois passés dans le langage commun, certains mots choisis et définis pour la compréhension et l'analyse des phénomènes historiques ou politiques perdent de leur clarté et même de leur utilité. Ils se banalisent à force d'être utilisés à tort et à travers. Joignant avec drôlerie le geste à la parole, l'éditeur et historien Jacques Jourquin compara un jour devant moi ce phénomène à l'usage d'un moulin à légumes alimenté par toutes sortes de racines et verdures que l'on tourne pour créer, par écrasement, une indistincte purée. C'est ce qui est arrivé au concept de « dictature », y compris, on va le voir, du fait d'auteurs chez qui on se serait attendu à plus de rigueur. Ils l'ont appliqué au gouvernement napoléonien en usant de son acception contemporaine, devenue naturellement péjorative. Au début du XIXe siècle, en revanche, la *dictature romaine* était montrée en exemple, presque en modèle. Elle était chez les Anciens une « magistrature extraordinaire » confiée à un homme capable de l'assumer en temps de crise. Napoléon s'en revendiquait[1]. Ses mots ont ensuite été retournés contre lui. Puisqu'il s'avouait *dictateur*, il l'était donc dans tous les sens du terme et – pourquoi pas ? – de la pire espèce.

Une fois encore, entendons-nous bien : de 1799 à 1815, Napoléon employa chaque minute à renforcer et à défendre le règne de l'exécutif, quitte à se montrer de plus en plus *autoritaire*. Mais parler de *dictature* et, qui plus est, de dictature *militaire* est se moquer de l'histoire et du sens des mots. Selon le juriste et politologue Maurice Duverger – qui a consacré une bonne part de ses travaux au concept de dictature –, il faut trois conditions simultanées pour la caractériser : 1°) que le régime soit installé et maintenu par la force, notamment militaire ; 2°) qu'il soit arbitraire, c'est-à-dire qu'il supprime les libertés et contrôle les décisions des organes arbitraux ou juridictionnels ; 3°) qu'il soit considéré comme illégitime par une grande partie des citoyens. L'étude de chacun de ces points pour le

1. Le modèle romain fut retenu en Brumaire, en copiant la procédure de nomination de Sylla (82 av. J.-C.) qui devait « rétablir la République » et obtint pour cela un mandat de dix ans.

régime napoléonien amène à rejeter toute conclusion péremptoire.

Sous Napoléon, la mise en place d'un État fort et incarné ne fut pas accompagnée de l'emploi systématique de la contrainte illégitime ou de la force aveugle, encore moins pour le compte et au profit de l'armée. L'historiographie issue des études révolutionnaires n'en a pas moins entonné l'air de la « dictature », en s'appuyant sur deux ouvrages qui gardent aujourd'hui un certain prestige, bien qu'ayant été écrits il y a plusieurs décennies : le *Napoléon* de Georges Lefebvre (1941, encore réédité en 2003) et l'étude de Jacques Godechot sur *Les Institutions de la France sous la Révolution et l'Empire* (1951, toujours réimprimé). Tous deux qualifient le régime napoléonien de « dictature militaire ». Mais ni l'un ni l'autre ne se donne la peine d'expliquer son choix, sauf en mettant en avant l'intervention des soldats de Murat le 19 brumaire ou le fait que Napoléon portait un uniforme. Non seulement leur moisson de « preuves » est pauvre, mais Lefebvre et Godechot feignent d'ignorer que le coup d'État fut préparé puis exécuté par des civils. L'intermède militaire de l'évacuation *manu militari* du Conseil des Cinq-Cents changea plus le bénéficiaire final de l'opération (Bonaparte au lieu de Sieyès) que sa nature profonde. Napoléon n'avait pas ce qu'on pourrait appeler une « stratégie de conquête du pouvoir » : il avait certes envie de gouverner mais l'occasion s'en présenta sans qu'il l'ait suscitée de longue main. Il sut s'imposer au bon moment, qui plus est sans forcer vraiment la main à personne. Les Brumairiens abandonnèrent Sieyès pour lui préférer Bonaparte le plus naturellement du monde. Ils choisissaient ainsi l'action et sanctionnaient les hésitations, le grand organisateur du coup d'État s'étant avéré incapable de proposer une solution constitutionnelle adéquate.

Avec Malaparte, dans sa *Technique du coup d'État*, on peut voir en Brumaire un modèle de coup d'État parlementaire : les chambres sont forcées de plier par la menace d'une intervention militaire ; si celle-ci a lieu, elle est limitée et n'est qu'un outil de rupture de la résistance ; finalement, les chambres se sabordent après avoir nommé un gouvernement provisoire et lancé la rédaction d'une nouvelle Constitution. Quoi qu'il en soit, le critère unique de l'origine du pouvoir apparaît ici stérile, Lefebvre et Godechot passant par pertes et profits la suite de l'histoire du régime napoléonien, à commencer par son inspiration révolutionnaire modérée et la naissance de l'État de droit.

Quant au caractère *militaire* de la prétendue dictature, pour qu'il se vérifie, il aurait fallu que le régime napoléonien ne se maintienne que par la force de l'armée et ait gouverné au nom ou au profit de celle-ci. Ces critères ne s'appliquent pas non plus. On peut au contraire affirmer que jamais l'armée se mêla moins de politique que sous le Consulat et l'Empire, par rapport aux dix premières années de la Révolution. Napoléon tint toujours ses anciens collègues à bonne distance du pouvoir, tout en leur assurant une visibilité sociale, des décorations et de généreuses pensions. Pour le reste, il fut pendant tout son gouvernement le « plus civil des généraux », comme le disait Sieyès. En clair, l'armée ne gouverna pas la France. Si l'Empereur se servit d'elle au cours de ses campagnes (ce qui va de soi), en fit un corps intermédiaire de structuration de la société et parfois une force de maintien de l'ordre[2], elle ne fut jamais un acteur faisant prévaloir une volonté autonome. Même Albert Soboul dut en convenir : « Le régime resta essentiellement civil. » Finalement, Godechot lui-même changea de pied dans ses écrits postérieurs à 1951, finissant par qualifier le régime napoléonien de « monocratie démocratique ». D'autres parlent d'« absolutisme démocratisé » ou de « césarisme démocratique ». La

---

2. L'armée fut régulièrement utilisée pour le maintien de l'ordre jusqu'au début des années 1920 et la création de la gendarmerie mobile. Elle intervint encore sporadiquement par la suite, jusqu'à la grande grève des mineurs de 1963.

variété des qualificatifs montre à elle seule la difficulté de le faire entrer dans les catégories classiques. Décidément, Napoléon est inclassable...

Faut-il dès lors s'attarder sur l'accusation de « totalitarisme » ? Un peu tout de même, car elle est devenue une formule rebattue lancée de bon cœur par quelques journalistes, politologues et politiciens pressés, adeptes du moulin à légumes. Le premier dictionnaire venu nous rappelle pourtant que le mot « totalitarisme » est utilisé seulement depuis les années 1920 pour désigner la pratique du pouvoir fasciste, national-socialiste et communiste. Celle-ci induit le pouvoir *total* d'un parti sur l'État et la société, au nom d'une idéologie qui devient la seule norme (y compris en l'incluant dans la loi), au prix du contrôle de toutes les organisations (publiques comme privées), de la suppression des libertés, de la mainmise sur la justice et l'information, de la terreur policière (qui, pour les régimes incriminés, est allée jusqu'au génocide et aux massacres de masse), enfin d'une forme de militarisation de la société. Hannah Arendt a complété le tableau en montrant que, appliquées au nom d'un « bien » supérieur qui formera à terme des hommes nouveaux (et heureux), ces pratiques finissent par réduire les citoyens à l'impuissance en raison de la peur qui les habite et les domine en permanence[3]. On cherchera en vain ces caractéristiques dans le régime napoléonien dont les tendances autoritaires n'avaient ni ces formes ni ces buts. Alors qu'Hitler a été englouti dans les ruines de son Reich, que Mussolini n'a pas refondé son Empire romain de pacotille, que Lénine et Staline n'ont jamais rempli le programme initial de leur révolution mais ont en revanche copieusement massacré leur peuple, Napoléon a fondé. Durablement.

3. Voir évidemment son ouvrage *Les Origines du totalitarisme*, notamment le chapitre IV.

Pour l'histoire

Depuis sa mort, le 5 mai 1821, Napoléon a été livré aux historiens, aux publicistes et aux littérateurs qui n'ont ménagé ni leur peine, ni leurs critiques, ni leurs admirations. Il avait lui-même prédit qu'il serait une source inépuisable d'études et de controverses. Ce fut et cela demeure toujours le cas, preuve de l'importance et de la centralité du moment napoléonien dans notre histoire, notre mémoire, notre société et même, n'ai-je cessé de dire, dans nos vies.

Sur son bilan et sa place dans la postérité, il disait avoir confiance dans les générations futures pour faire la part des choses. Il prédit à Las Cases, qui en rend compte dans son *Mémorial de Sainte-Hélène*, que « chaque parti aurait ses historiens, à l'aide desquels l'homme sage pourrait toujours porter un jugement impartial ». Il croyait révolus les « temps obscurs et sans connaissance ». Il pensait que la documentation le concernant, soutenue par l'« universalité des

Lumières », ferait « toujours ressortir la vérité pour ceux qui [veulent] la connaître ». Toute la problématique de notre époque tient dans la dégradation insensible de cette prédiction. À bien des égards, le retour des « temps obscurs et sans connaissance » nous menace. Les jugements « impartiaux » (on pourrait dire : équilibrés) ne sont plus guère de mise et il faudrait « condamner » sans appel la personne et l'œuvre napoléoniennes. C'est pour refuser cette injonction que, dans cet essai, j'ai passé beaucoup de temps sur ce que j'ai appelé, par commodité, les « questions qui fâchent », dans le sens qu'elles stimulent ou convulsent certains lorsqu'ils entendent prononcer le nom de Napoléon. Je ne l'ai pas fait pour défendre une chapelle mais pour rappeler, d'une part, que l'histoire n'est pas simple et, d'autre part, que son instrumentalisation dans le débat contemporain participe d'un projet qui la dépasse et que je juge dangereux.

L'exercice que j'ai tenté, librement et presque en désordre, est plus difficile et périlleux aujourd'hui qu'autrefois. L'absence de Napoléon de l'enseignement pendant plusieurs décennies l'explique en partie. En 1977 (déjà !), avec l'histoire retirée des matières structurantes pour intégrer ce qu'on appelait l'« éveil », il a été mis en marge des programmes, n'y revenant ensuite que comme un faire-valoir des idéologies dominantes, tandis qu'on évitait aux élèves tout apprentissage « vertical » pour qu'ils puissent se constituer par eux-mêmes un « socle de connaissances ». Insensiblement, au fil des années, la culture historique minimale a été retirée du paquetage de survie intellectuelle des citoyens et, partant, de leurs représentants. Il n'y a plus d'« honnête homme » qui vaille. Les « futilités » de la philosophie, de l'histoire ou de la littérature seraient donc réservées au for intérieur et au plaisir intime, être exclues du débat public en attendant leur inéluctable disparition. À mi-parcours de ce cycle infernal, beaucoup croient que le savoir peut s'acquérir sans effort sur leur réseau social favori. Outre la pauvreté de leurs contenus, leurs algorithmes sont de plus conçus pour ne leur présenter que les données et opinions qui les confortent (et les réconfortent). Dès lors, nombre de nos contemporains – surtout les jeunes, hélas – ont perdu ou n'ont jamais acquis l'habitude du débat citoyen, qui est une confrontation sereine d'idées, appuyée sur la culture et la connaissance, pour pouvoir agir ensuite. Que l'on ne s'étonne donc pas que le niveau général de compréhension et de réflexion sur les questions historiques, mais aussi politiques ou sociales, se soit effondré.

Ce déplorable état de fait renforce et même valide ce terrorisme intellectuel que nous avons à subir depuis une cinquantaine d'années, avec la mainmise sur les vecteurs de connaissance et d'information de ce que Philippe Muray appelait le « camp du Bien ». Réformes scolaires à répétition, capitulations médiatiques, appauvrissement et simplification du débat, « jurisprudence Chirac » ont ainsi accompagné la sacralisation des passions et indignations comme règle universelle d'interprétation en lieu et place du savoir et de l'esprit critique. Il est loin le temps où, pour ne citer qu'eux, les historiens Soboul et Tulard pouvaient débattre, arguments contre arguments, documents à l'appui en cas de besoin. Le constat de leurs divergences ne débouchait jamais sur la fâcherie, les anathèmes ou les condamnations morales, encore moins sur l'échange de noms d'oiseaux. Ils avaient une trop haute idée du débat intellectuel et, si j'ose dire, étaient trop bien élevés pour cela. Ils constataient – poliment mais fermement – leurs désaccords puis attendaient la prochaine joute, peut-être même avec gourmandise. Il ne leur serait jamais venu à l'esprit de tenter de priver l'autre de ses libertés de raisonnement ou de parole, quand bien même Soboul avait longtemps soutenu le totalitarisme stalinien dont il feignait d'ignorer l'ampleur.

Deux générations plus tard, l'ambiance sociale et intellectuelle dans laquelle évoluent leurs successeurs n'est plus la même. Le « postmodernisme » et son avatar, le « progressisme », prônent désormais ouvertement le rejet des Lumières et de la raison, ce qui n'est pas sans conséquences sur les études historiques. Dans un récent « manifeste », MM. Amiel et Émelien, théoriciens fraîchement exfiltrés de l'Élysée, ont avoué qu'ils traitaient le passé comme un objet malléable à leur guise, y sélectionnant seulement ce qui leur convenait[1]. On aura donc compris qu'ils en excluent ce qui ne leur convient pas. Pas étonnant qu'avec d'aussi stupéfiants conseillers le président à l'oreille de qui ils murmuraient ait pu recevoir le conseil de négliger l'enracinement, les traditions, l'histoire et leurs leçons, jusqu'à la négation de l'existence de la « culture française ». Jamais le postmodernisme n'avait semblé s'imposer dans des sphères politiques aussi élevées, ce que ne corrigent qu'à la marge les rétropédalages postérieurs. Et nous n'en avons peut-être pas fini : l'étape suivante pourrait bien être la promotion de la « postvérité », qui déconstruit le sens des mots et des faits, rend vaine toute aspiration au raisonnement, à la contextualisation et à la hiérarchisation des faits.

1. David Amiel et Ismaël Émelien, *Le progrès ne tombe pas du ciel*, Fayard, 2019. Ces auteurs ont été conseillers de M. Macron de 2017 à 2019, après avoir accompagné son « aventure » de l'élection présidentielle.

La boucle serait alors bouclée : histoire et historiens seraient devenus négligeables car « rétrogrades ».

Nous devons aussi faire face à la judiciarisation de la connaissance, dans le sillage des lois mémorielles qui ouvrent la possibilité de poursuivre quiconque paraîtrait, non les mettre en doute, mais les étudier librement. Pis, on ne s'embarrasse même plus du droit positif pour tenter d'intimider ceux dont l'opinion déplaît. À l'arrivée, comme l'avait craint un groupe d'historiens renommés dans un appel du 12 décembre 2005, il se pourrait bien qu'il n'y ait plus, à terme, de « liberté pour l'histoire ». N'avait-on pas vu à cette époque un universitaire être menacé de poursuites pour avoir publié une étude générale sur les traites négrières qui heurtait un collectif ultramarin ? N'entend-on pas depuis d'autres associations demander par voie de justice des indemnisations comme descendants des « victimes » deux ou trois siècles après les faits ? N'apprend-on pas chaque semaine qu'une plainte a été déposée contre tel ou tel, qui aurait remis en cause une interprétation historique ou « blessé une sensibilité » ? Tout cela fait froid dans le dos.

Le juge rôde autour de l'histoire et la digue qui le retient est fragile. Il n'y a aucune raison pour que la magistrature, issue d'un cursus où la culture générale est bannie, formée dans une école aux choix idéologiques marqués, ne finisse pas par suivre une pente dangereuse pour des libertés dont elle est en principe le défenseur. Se laissera-t-elle aller à passer du jugement historique au jugement judiciaire de l'histoire puis « de la police de la culture à la police de la pensée[2] » ? On peut le redouter. Déjà, le corporatisme et l'endogamie du corps des magistrats, ses oppositions publiques aux décisions des autres pouvoirs, jusqu'au choix du garde des Sceaux, rappellent – et cette réminiscence ne dit rien qui vaille – ceux des Parlements de l'Ancien Régime. Dans quelque temps, par le jeu de l'âge et des carrières, les juges les plus militants peupleront les instances supérieures d'appel et de cassation. Alors, tout sera possible, y compris le pire. Certains pourraient ne pas reculer devant le sacrifice du droit et de la justice à leurs croyances et à leurs impatiences idéologiques. Le tout sera accompagné des gargarismes obligés et hypocrites sur l'impartialité et l'indépendance de la justice auxquelles on aura de moins en moins de raisons de croire.

Si la démarche venait à avoir des ratés ou donner de trop lents résultats, certains voudraient forcer le pas : pourquoi ne pas aller jusqu'à censurer purement et

2. Sous-titre de l'essai de Caroline Fourest, *Génération offensée*, Grasset, 2020.

simplement les idées jugées par eux « in-justes » (*sic*) ? C'est la solution que retiendrait volontiers, à gauche, le sociologue militant Geoffroy de Lagasnerie, partisan d'un « homme nouveau » dont on espère toutefois qu'il ne le rêve pas à son image. On poufferait volontiers de rire devant les prétentions de ce penseur matinal (moment où les radios publiques le reçoivent avec délectation), si ses saillies réitérées sur le thème de la censure systématique de ce qui lui déplaît, à l'automne 2020, avaient provoqué une levée de boucliers dans son camp, toujours prompt à entonner l'air des libertés menacées. C'est pourtant presque l'inverse qui se passa. On nota même un début d'approbation d'élus aussi importants qu'Anne Hidalgo. Cette dernière, il est vrai peu connue pour son appétence pour les débats contradictoires, s'est dite « inspirée » par de telles idées. Le « camp du Bien » dont elle et d'autres se revendiquent est en effet rendu fou de rage par les succès d'audience, de presse et de librairie de ses contradicteurs. Il en devient dangereux, un peu comme une bête blessée. Habitué à mener la danse sans contradiction, le voici prêt à imposer le silence à ceux qui ne pensent pas comme lui : puisque certains rencontrent un large public (Jean Sévillia, Alain Finkielkraut, Éric Zemmour, Pascal Bruckner, Michel Onfray, etc.) et puisqu'il ne suffit plus de les traîner dans la boue ou de les traiter de « fachos » pour les disqualifier, privons-les pour de bon de micro ou de stylo ! Aujourd'hui des journalistes et des philosophes, demain les politologues et les historiens. Déjà, des voix se sont par exemple élevées contre les émissions populaires de Stéphane Bern, Lorànt Deutsch ou Franck Ferrand. La France insoumise, Jean-Luc Mélenchon et Alexis Corbière en tête, soutenus par d'autoproclamés « historiens de garde », les accusent d'être « antirépublicaines », « bling-bling » (*sic*) et – bigre ! – de faire le lit de la « droite identitaire ». France Télévision est régulièrement sommée de supprimer leurs programmes. Pour le moment, ils sont sauvés autant par la qualité de leur travail que par leurs audiences et leurs réseaux. S'ils venaient à chuter, nul doute qu'on leur trouverait des remplaçants capables, eux, de « rééduquer » le bon peuple télévisuel.

Et que dire de nos gouvernants tétanisés par des groupes qui se sont fait une spécialité des amalgames et des contrevérités historiques pour imposer leur « agenda », accuser leur pays d'avoir « assassiné » des catégories entières, souiller les lieux publics ou appeler à l'émeute ? Rien n'a été fait ni pour prévenir, ni pour lutter contre la fièvre iconoclaste venue des États-Unis, après la mort tragique de George Floyd. Rien n'est fait pour remettre à leur place des groupuscules comme la lugubre Ligue de défense noire africaine qui, prétendant lutter contre notre « racisme systémique », brûle notre drapeau, annonce son projet d'aller cracher sur les tombes de nos hommes célèbres et insulte sans risques ses contradicteurs. C'est quasiment sous les fenêtres du préfet et à quelques dizaines de mètres du commissariat de police qu'en juillet 2020, la statue de Joséphine a été détruite à Fort-de-France, sans aucune intervention de la force publique. S'il y avait beaucoup d'ignorance chez les casseurs (Joséphine n'est pour rien dans le maintien de l'esclavage en Martinique), il y avait un vrai renoncement du côté de la préfecture, sans doute sur ordre de Paris. Le Premier ministre Jean Castex se contenta de « condamner très fermement » cette destruction d'un monument classé… puis on parla d'autre chose. Aucune poursuite ne fut lancée contre ceux que l'ami Denis Tillinac qualifiait d'« activistes lobotomisés par la haine » dans son ultime billet[3]. Tout aussi inquiétant, c'est alors que personne ne lui avait rien demandé mais pour complaire à ses alliés verts et rouges, que le maire de Rouen a proposé de retirer la statue équestre de Napoléon qui, depuis un siècle et demi, trônait devant l'hôtel de ville. Cet épisode avait lieu quelques semaines après que le président Macron

3. *Valeurs actuelles*, 15 octobre 2020.

eut promis que la République ne déboulonnerait pas les statues et « n'effacerait aucune trace ». On a beau penser parfois que la fameuse « soumission », joliment dénoncée par Michel Houellebecq, est un peu mise à toutes les sauces, c'est tout de même le premier mot qui vient à l'esprit. Si l'on croit à l'avertissement de Montesquieu que « l'oppression commence toujours par le sommeil », on ne peut que s'effrayer de voir ceux que nous mandatons pour préserver la cohésion et l'unité nationales dormir à poings fermés. Ou faire semblant de dormir pour ne rien voir, ce qui, à la fin, reviendra au même[4].

Tout ce qui précède – postvérité, judiciarisation, capitulation du politique – procède du même mouvement et pourrait finir par se rejoindre pour notre malheur. Combattant souvent avec conviction et succès ses ennemis extérieurs, la France a décidément bien du mal à lutter contre elle-même ou contre ce que certaines élites déconnectées croient qu'elle est devenue.

---

4. À force de les rencontrer sans les fréquenter, j'ai constaté que les politiques portaient souvent un grand intérêt à l'histoire napoléonienne. Ils l'avouent toutefois rarement en public, par peur de déplaire… on ne sait trop à qui. C'est à croire qu'ils lisent les ouvrages sur la période à la lampe de poche sous leurs couvertures pour ne pas se faire prendre. Jean-François Copé est un des rares élus à citer sans barguigner Napoléon dans ses discours.

Je ne voudrais cependant pas terminer cette libre réflexion sur ce pressentiment pessimiste. Car, pour ce qui concerne ma spécialité, la réalité historique et le mythe de Napoléon résistent encore. Parce que l'œuvre napoléonienne est toujours tangible, parce que son histoire passionne toujours les foules, mais aussi parce que ses historiens ne cherchent pas à les « défendre » à tout prix, comme on les en accuse à tort. Nous savons ou sentons d'ailleurs que nos concitoyens – dont une majorité n'a pas encore été tentée par la postvérité – ont compris que, comme l'écrivait René Rémond, « l'histoire est l'apprentissage de la complexité ». Sur ce point, la France « d'en bas » est souvent plus intelligente, ouverte et courageuse que celle « d'en haut », pour utiliser la malencontreuse formule de l'ancien Premier ministre Raffarin. Elle a cependant moins de moyens de se faire entendre, ce qui laisse le champ libre à ceux qui veulent la cantonner à ce qu'ils appellent avec dédain le « vieux monde ».

Aux historiens, napoléonistes ou non, j'ai aussi envie de lancer : « N'ayez pas peur ! » Les idées et actions les plus ineptes occuperont seules le terrain si nous l'abandonnons pour jouir du calme de notre cabinet de travail et de nos minuscules succès de librairie. Notre avenir est d'accepter l'inconfort et d'aller résolument

« au charbon », de renoncer à être ce que Georges Suffert appelait des « intellectuels en chaise longue ». Nous avons des arguments et, j'espère, la volonté de les confronter à ceux qu'on nous oppose. Avec les mots de son temps, Napoléon avait tracé une voie à la fin de sa vie : « Je suis tellement identifié avec nos prodiges, nos monuments, nos institutions, tous nos actes nationaux, qu'on ne saurait plus m'en séparer sans faire injure à la France ; sa gloire est de m'avouer. » Avouer n'est pas vénérer et rien ne nous interdit de militer pour la raison dans l'analyse, le dialogue avec nos contradicteurs, mais aussi la fermeté dans des convictions étayées.

Même si l'horloge tourne et que les épurateurs de notre histoire marquent chaque jour des points, je revendique pour ma part de pouvoir continuer à transmettre *librement* ces plaisirs simples et enrichissants de lire, entendre, voir et partager la connaissance de cette histoire où tout m'intéresse et rien ne me dérange. La joie de me retrouver avec un public composé de passionnés, de curieux ou même d'indifférents amortit mes inquiétudes sans les dissiper. Me rendent encore optimiste la surprise et l'intérêt qu'éprouvent les étudiants découvrant l'histoire du Consulat et de l'Empire et venant me dire leur étonnement qu'on ne leur en ait pas parlé plus tôt au cours de leurs études. Formidable encouragement à continuer le travail que j'ai entamé il y a maintenant quarante ans. Je sais que pour le continuer, je devrai plus qu'avant accepter une sorte de « combat » (historique, bien sûr) et affronter quelques dialogues de sourds sans me décourager. C'est mon devoir d'historien et de citoyen. J'y suis résolu.

Tout bien réfléchi, cet essai aurait pu aussi s'intituler *Pour l'histoire*. Même lorsqu'elle est tragique, elle est une richesse. Clio fait réfléchir, tient l'esprit critique en éveil et, par le dialogue, ouvre aux autres. Elle n'est un traumatisme que pour ceux qui ne veulent rien construire en commun et n'ont l'œil que sur ce qui est amer ou étroit.

Surtout, l'étude et la connaissance de l'histoire rendent libre. J'oserais même dire plus intelligent et moins perméable aux tromperies à la mode. C'est encore Emmanuel Berl qui écrivait que « si elle ne permet pas de prédire ce que feront et ne feront pas les gouvernements et les peuples, elle permet du moins de les entendre avec moins de sottise et de leur répondre sans trop de stupidité[5] ».

Paris, 2 décembre 2020

5. « Histoire et psychologie », in *Essais. Le temps, les idées, les hommes*, p. 26.

Table

DU MÊME AUTEUR *(suite)*

Napoléon, PUF, coll. « Que sais-je ? », 2003.

Nouvelle histoire du Premier Empire : I. *Napoléon et la conquête de l'Europe (1804-1810)* ; II. *L'effondrement du système napoléonien (1810-1814)*, prix du Mémorial-Ville d'Ajaccio ; III. *La France et l'Europe de Napoléon (1804-1814)* ; IV. *Les Cent-Jours (1815)*, Fayard, 2002-2010.

Napoléon. Idées reçues, Le Cavalier bleu, 2001 (2e éd. 2013, sous le titre : *Napoléon, une ambition française*).

Savary, le séide de Napoléon, Fayard, 2001 (prix Perret de l'Académie des sciences morales et politiques).

Autour de « l'empoisonnement » de Napoléon, Fondation Napoléon-Nouveau Monde Éditions, 2001 (avec Jean-François Lemaire, Paul Fornès et Pascal Kintz).

Le Grand Consulat (1799-1804), Fayard, 1999 ; 2e édition, 2014, coll. « Pluriel ».

Dictionnaire des ministres de Napoléon, Christian/Jas, 1999 ; nouvelle édition augmentée, Perrin, coll. « Tempus », 2016.

ABCdaire de Napoléon et de l'Empire, Flammarion, 1998 (avec Jean Tulard, Jacques Jourquin, Gérard Gengembre et Adrien Gœtz).

Napoléon. « Mon ambition était grande », Gallimard, coll. « Découverte », 1998.

Le 18-Brumaire. Les coups d'État de Napoléon Bonaparte, Jean Picollec, 1997 (grand prix de la Fondation Napoléon) ; rééd. Perrin, coll. « Tempus », 2010.

Napoléon III, PUF, coll. « Que sais-je ? », 1995.

Kennedy. Enquêtes sur l'assassinat d'un président, Jean Picollec, 1995 ; édition refondue sous le titre : *L'Assassinat de John F. Kennedy. Histoire d'un mystère d'État*, Nouveau Monde Éditions, 2010 et 2013.

L'Affaire Kennedy, PUF, coll. « Que sais-je ? », 1993.

Roederer, Serpenoise, 1990 (prix Erckmann-Chatrian).

La Moselle et Napoléon. Étude d'un département sous le Consulat et l'Empire, Serpenoise, 1986 (avec Denis Imhoff).

DIRECTIONS D'OUVRAGES

Napoléon et le droit, CNRS Éditions, 2017.

Diplomaties au temps de Napoléon (avec Yves Bruley), CNRS Éditions, 2014.

1812, la campagne de Russie. Histoire et postérités (avec Marie-Pierre Rey), Perrin, 2012.

1810. Le tournant de l'Empire, Fondation Napoléon-Nouveau Monde Éditions, 2010.

Dictionnaire des institutions du Consulat et de l'Empire, Tallandier, 2008 et 2017.

Napoléon et l'Europe. Regards sur une politique, Fayard, 2005.

Sainte-Hélène, île de mémoire, Fayard, 2005 (avec Bernard Chevallier et Michel Dancoisne-Martineau).

Le Sacre de Napoléon, Nouveau Monde Éditions, 2003.

ÉDITIONS DE TEXTES

Pierre-Louis Roederer, *Un été d'espoir et de sang. Chronique de cinquante jours (20 juin-10 août 1792)*, Perrin, 2019.

Emmanuel de Las Cases, *Le Mémorial de Sainte-Hélène. Le manuscrit retrouvé*, Perrin, 2017 (avec Peter Hicks, François Houdecek et Chantal Prévot).

Mémoires de Napoléon, Tallandier, 2010-2011, 3 volumes ; rééd. coll. « Texto », 2014.

Napoléon Bonaparte, *Correspondance générale publiée par la Fondation Napoléon*. I. *Les apprentissages (1784-1797)*, Fayard, 2004 ; II. *La campagne d'Égypte et l'avènement (1798-1799)*, Fayard, 2005 (avec Gabriel Madec) ; III. *Pacifications (1800-1802)*, Fayard, 2006 (avec Gabriel Madec) ; XI. *Bruits de bottes (1811)*,

Fayard, 2015 ; XII. *La campagne de Russie (1812)*, Fayard, 2012 ; XV. *Les chutes (1814-1821)*, Fayard, 2018 (avec François Houdecek, Vincent Haegele, Pierre Branda et Jacques Macé).

Jean-Frédéric Reichardt, *Un hiver à Paris sous le Consulat*, Tallandier, 2003 (avec Florence Pinon).

La Proclamation de l'Empire ou Recueil des pièces et actes relatifs à l'établissement du gouvernement impérial héréditaire imprimé par ordre du Sénat conservateur, Fondation Napoléon-Nouveau Monde Éditions, 2001 (avec Nathalie Clot).

Achevé d'imprimer en mars 2021
par Normandie Roto Impression s.a.s.
61250 Lonrai
N° d'impression : 2101390

Imprimé en France